KB266334

딱 한 번만

교회 마당을 밟아 줘

딱 한 번만
교회 마당을 밟아 줘

안선우 지음

좋은땅

네 번째 정도 축제를 맡게 되었을 때, 마음이 참 묘했습니다.

TF팀장이라는 이름 그리고 부서의 부장이라는 자리.

책임은 분명 무거웠지만, 이상하게도 부담보다 설렘이 먼저 찾아왔습니다.

'또 한 번 하나님께서 무언가를 하시겠구나.' 그 생각 하나만으로도 마음이 따뜻해졌습니다.

전도 축제는 늘 분주합니다. 회의는 길어지고 일정은 촘촘해지고 생각해야 할 것들은 끝이 없습니다. 하지만 이상하게도 그 모든 과정이 힘들다기보다 행복했습니다.

함께 머리를 맞대고 웃고 때로는 지쳐서 말없이 커피만 마시던 시간조차 지금 생각하면 모두 은혜였습니다. 전도 축제를 통해 참 많은 사람을 만났습니다.

처음 교회 문턱을 넘던 어색한 얼굴들,

초대에 망설이다가 용기를 내어 와 준 학생들,

그리고 그 곁에서 조용히 손을 잡아 주던 교사들의 모습.

그 만남 하나하나가 우연 같았지만

지금 돌아보면 모두 하나님의 오래된 계획 안에 있었습니다.

준비 기간 새벽기도는 제 숨 고르는 시간이었습니다.

어두운 예배당에서 말씀을 붙들고 앉아 있으면

'이 축제는 네가 하는 일이 아니다'

조용히 그러나 분명하게 들려오는 하나님의 음성이 있었습니다.

그 말씀 덕분에 조급함은 내려놓고, 잘해야 한다는 부담 대신 맡기고 순종하는 법을 배웠습니다. 바쁜 일정 속에서도 틈틈이 한 줄씩 적어 두었던 짧은 시들이 있습니다.

회의 메모 옆에, 기도 노트 한 귀퉁이에, 휴대전화 메모장에 남겨 둔 말들.

"주님, 오늘도 이미 일하고 계시네요."

"우리는 준비하지만, 주인공은 언제나 하나님."

그 한 줄 한 줄이 그날의 제 믿음이었고 고백이었습니다.

이 이야기는 단순히 전도 축제의 기록이 아닙니다.

행사의 성공이나 숫자의 이야기도 아닙니다.

우리와 늘 함께 걸으시는 하나님,

우리가 미처 보지 못하는 순간에도 이미 길을 만들고 계셨던 그 신실하신 하나님에 관한 이야기입니다.

네 번째 전도 축제는 그렇게 제 마음에 남았습니다.

참으로 바빴고 참으로 행복했던 시간.

그리고 다시 한번 분명히 알게 된 사실 하나,

하나님은 언제나 우리보다 한 발 앞에서

조용히, 그러나 확실하게 함께하고 계신다는 것입니다.

차례

마당 잔치를 준비하다

전도 축제가 끝난 후

전도 축제를 만나고 준비하다

전도 축제와의 만남

4년 전, 겨울과 봄의 경계쯤이었을 것이다.

교육부 디렉터 목사님으로부터 한 통의 전화를 받았고, 약속을 정해 조용한 카페에서 마주 앉았다. 따뜻한 커피가 나오고, 목사님은 준비해 오신 서류를 조심스럽게 내미셨다. 그 위에 적힌 문구가 유난히 또렷하게 눈에 들어왔다. '행복한 주일학교 전도 축제.' 코로나가 끝나 가고는 있었지만 우리는 여전히 마스크를 쓰고 다니던 시기였다. 이때 전도 축제가 과연 시의적절한가? 마음 한쪽에 조심스러운 질문이 먼저 떠올랐다. 더구나 나는 유년부와 초등부가 통합된 부서의 부장으로서 새롭게 부서를 세워가는 일에 집중하고 있던 때였다. 목사님은 이전 교회에서 경험했던 전도 축제의 이야기와 지금 교회에서 그리고 싶은 그림을 차분히 들려주셨다. 이야기를 들을수록 마음속에서 작은 확신이 자라났다. 하면 좋겠다를 넘어 꼭 해야겠다는 생각이었다. 사실 목사님 혼자서도 충분히 해낼 수 있는 일이었을 것이다. 그러나 전도 축제에는 분명 두 개의 큰 줄기가 필요했고 그 과정에서 하나님께서 사람을 부르시고 세우신다는 것을 느끼게 되었다. 그래서 나는 기꺼이 배우는 자리로 순종의 자리로 그 부르심에 응하기로 했다. 그렇게 전도 축제를 처음 만났고 어느덧 4년째 같은 자리를 지키고 있다. 지금 돌아보면 그날의 만남은 하나의 회의가 아니라 하나님께서 나를 초대하신 작은 시작이었다는 생각이 든다.

인생의 목적

당신을 닮은 모습으로
살아가고 싶습니다.

당신을 닮은 존재로
머물고 싶습니다.

나의 시작이 당신께 있음을
분명히 알게 하소서.

당신과 맺은 특별한 관계 안에서
날마다 조금씩
당신의 빛을 닮아 가길 원합니다.

그 길이
나의 삶의 목적이 되기를 원합니다.

마음을 곱디고운 초록으로 일구고
이해의 연못을 만들어
찾아오는 이에게 물을 주고
사랑의 나무도 심어 두어
내 마음의 그늘에 쉼도 주고 싶습니다.

전도 축제 이름 정하기

전도 축제의 큰 방향은 언제나 분명했다. 주일학교 복음화 전도 총력. 목적 역시 단순하다. 모든 주일학교 아이들을 초청하여 복음을 전하는 것. 그래서 부서별로는 각자의 상황에 맞춘 전도에 집중했고 장결자와 태신자를 향한 관계 전도를 가장 중요한 과제로 삼았다. 그 과정에서 늘 가장 고민이 되었던 것이 있다. 바로 그해 전도 축제의 컨셉을 정하고 그 모든 의미를 담아낼 이름을 붙이는 일이었다. 단순해야 하지만 가벼워서는 안 되고, 한 번 들었을 때 축제의 분위기와 방향이 함께 느껴져야 했다. 그래서 매년 가장 어렵고도 가장 설레는 작업이었다. 첫해에는 전도 축제 성공 사례가 있던 교회를 참고해 '붐(Boom)'이라는 이름을 선택했다. 호황, 대유행이라는 뜻과 함께 꽝 하고 울리는 소리, 굵은 목소리로 외치는 복음을 떠올리며 전도의 BOOM, 주일학교의 BOOM, 영혼의 BOOM이라는 의미를 담았다. 두 번째 해에는 '킹 페스티벌'이었다. 우리의 왕이신 예수 그리스도를 기뻐하는 진짜 왕의 축제라는 고백을 이름에 담고 싶었다. 세 번째 해에는 '찐 페스티벌'. '우리의 진짜 사랑'이라는 표현처럼 예수님만이 우리의 참된 사랑이심을 솔직하게 드러내고 싶었다. 네 번째 해에는 조금 다른 방식을 택했다. 성도들의 관심을 불러일으키고, 전도 축제가 일부의 행사가 아니라 모두의 축제가 되기를 바라며 이름 공모를 진행했다. 많은 성도가 마음을 담아 참여해 주었고, 그 가운데 '필 페스티벌'이라는 이름이 선택되었다. 예수님이 필요하고 예수님을 꼭 느끼는 시간이 되기를 바라는 마음이 담긴 이름이었다. 비록 채택되지는 않았지만, 의미도 좋고 부르기도 참 좋았던 이름들이 아직도 기억에 남아 있다. 참전도축제, With U, 올페스티벌, 새친구초청축제, 주사랑전도축제, 유앤미전도축제, 새출발 DAY, Love Actually, The Calling, 빛누리 전도축제, 온페스티벌, Heart 톡, Jesus 톡, 복소리 전도축제, 오병이어 페스티벌, 참페스티벌, 홈커밍 페스티벌, 소풍(소중한 사람을 위한 풍성한 초대), 풍선(풍성한 선물), All for One, 오씽크, Lak Lak Day, 성령님이 너 pick했 day, 다시 봄, 성품여행, 개복아소교구락부까지. 이 이름들 하나하나에는 '누군가는 예수님을 만나길' 바라는 마음이 담겨 있었다. 전도 축제는 그렇게 프로그램보다 마음이 먼저였고 이름을 정하는 시간조차 하나님 앞에서 드리는 작은 기도였다.

은혜의 관계

당신은 오늘도
나에게 많은 것을 알려 줍니다.

내가 묻는 것도
때로는 내가 묻지 않는 것도,
내가 구하는 것도
때로는 내가 구하지 않은 것도
당신은 나를 채워 줍니다.

내가 구하는 것을
은혜로 주실 때,
그 은혜를
믿음의 눈으로 바라볼 때,
당신과 나는
새로운 관계,
아름다운 관계가 됩니다.

구하기를 즐기고,
은혜 베풀기를 좋아하는
우리는 그런 은혜의 관계 안에서
쉼 없이 기쁩니다.

큰비와 바람이 불어오면 배는 안전한 포구로.
우리네 인생의 큰비와 바람이 불어오면
주의 영원한 팔의 지혜를 의지해.

대형 현수막을 걸다

전도 축제의 이름과 컨셉이 정해지면, 그 다음 가장 먼저 떠오르는 장면이 있다. 교육관 전면에 걸리는 대형 현수막이다. 전도 축제를 준비하며 내가 가장 집중하는 일 중 하나이기도 하다. 현수막은 단순한 장식이 아니다. 그해 전도 축제의 메시지를 한눈에, 강렬하게 전해야 한다. 디자인부터 쉽지 않다. 의도한 느낌이 나오지 않아 여러 번 수정이 이어지고 16m×10m라는 큰 사이즈의 현수막을 안전하게 설치하는 일 역시 만만하지 않다. 과정 하나하나가 늘 긴장의 연속이다. 하지만 이상하게도 그 과정에서 늘 하나님의 일하심을 또렷하게 경험하게 된다. 디자인이 막혀 있을 때 전혀 예상하지 못했던 도움의 손길이 나타나 방향이 잡히고, 마침내 마음에 꼭 드는 시안이 완성되기도 한다. 어떤 해에는 디자이너분의 헌신으로 무료 제작이라는 선물 같은 은혜도 있었다. 군산의 바닷바람 언덕 위에 자리한 교회 위치는 사실 대형 현수막을 걸기에 좋은 조건이 아니다. 그런데도 모든 설치 과정을 무사히 마치고 현수막이 교육관 전면에 걸린 모습을 바라볼 때면 감사가 저절로 흘러나온다. "사람이 계획할지라도 걸음을 인도하시는 분은 하나님." 그 말씀은 전도 축제를 준비하는 일상 속에서 매번 실제가 되어 눈앞에 증명된다. 그래서 교회의 봉사는 늘 감격이고, 기쁨이다. 잘해서가 아니라 함께 하시는 하나님을 매번 경험하기 때문이다. 오늘도 그 은혜로 살아간다.

당신 앞에

나를 향한 세상의 평가는
각각 다릅니다.

그러나 중요한 것은
내가 누구 앞에 서 있느냐입니다.

내가 은혜로 가득 차 있든지
이제는 노쇠하여 기력이 없든지,

세상이 정한 성공 속에 빛나든지
아무도 알아주지 않는
사막의 모래로 있든지,

당신은 나의 모습 그대로를 사랑하시고
나의 삶을 통해
당신의 뜻을 이루십니다.

나는 늘,
당신 앞에 바로 서길 소망합니다.

✓ 한 줄도 소중하다

난 내가 사람 관계 중심의 따뜻한 사람인 줄 알았습니다.
하지만 사람들은 일 중심의 냉정한 사람이라 합니다.
이제는 예수님 중심의 온화한 사람이 되어야겠습니다.

부서별로 전도 목표를 정하다: 태신자 작정

전도는 결국 사람이 모이는 일이다. 물론 그들의 발걸음을 교회로 그리고 예수님께로 이끄시는 분이 하나님이심을 우리는 잘 알고 있다. 그런데도 우리에게 맡겨진 몫은 분명히 있다. 전도 축제를 준비하며 가장 먼저 하는 일은 태신자를 작정하는 것이다. 모든 학생이 다섯 명의 학생을 마음에 품는다. 이름 하나를 적을 때마다 기도로 적도록 지도하는 것이 교사의 역할이다. 그래서 이 다섯 명의 이름은 명단이 아니라 기도의 제목이 된다. 이렇게 다섯 명의 아이들을 기도로 품는 것이 전도 축제를 향한 가장 첫 번째 목표가 된다. 물론 이 과정에서 종종 질문을 듣기도 한다. "명단을 짜내듯이 작성하는 것이 옳은 일인가요?"라는 고민이다. 하지만 네 번의 전도 축제를 지나오며 한 가지 분명히 확인한 사실이 있다. 태신자 작정의 비율만큼 실제 전도 축제의 자리에 모이는 인원이 거의 비례했다는 것이다. 이것은 태신자 작정이 얼마나 중요한지를 보여 주는 분명한 증거였다. 태신자는 확정자가 되고 확정자는 방문자가 되며 그 방문자가 정착자로 이어진다. 그 모든 흐름의 시작점이 바로 태신자 작정이다. 그래서 부서별로 세운 태신자 작정의 목표는 단순한 숫자가 아니라 한 영혼을 향한 기도의 무게였다. 전도는 그렇게 기도에서 시작되어 사람으로 이어진다.

당신의 눈으로 나를

나의 눈으로 나를 바라볼 때
나는 자주 두려움에 사로잡힙니다.
내 부족함이 커 보이고,
내 걸음은 늘 흔들리는 듯 보입니다.

그러나 당신의 눈으로 나를 바라볼 때
나는 두려움이 아닌 담대함을 배웁니다.
당신의 눈 속에서
나는 사랑받는 존재
귀하게 쓰임 받을 존재임을 압니다.

당신의 시선은 내 교만을 꺾고
겸손의 길로 나를 이끕니다.
내가 가진 것은 내 힘이 아니라
당신이 주신 은혜임을 깨닫게 합니다.

그래서 나는 원합니다.
언제나 내 눈이 아니라
당신의 눈을 통해 나를 보기를
그 눈 속에서 나는
흔들리지 않는 나의 참모습을 발견합니다.

그것이 당신의 눈에 비친 나의 모습이기에
오늘도 나는 당신의 시선에 기대어
순종의 길을 걸어갑니다.

✔ **한 줄도 소중하다**

지리한 장마가 시작되려나 보다.
장마가 끝나갈 무렵 내 안에 내 곁에 모든 관계가
여름 햇살처럼 뽀송뽀송해지길 기대하며 기도한다.

TF팀을 꾸리다: 봉사자의 참여 확대로 이어짐

　부서에서 태신자 작정이 시작되면, 전도 축제 TF팀의 구성도 함께 마무리된다. 해마다 명칭은 조금씩 달랐지만 큰 틀은 늘 같았다. 총무·회계팀, 홍보팀, 경건 사역팀, 봉사·먹거리팀, 그리고 프로그램팀. 각 팀의 장은 성도들이 맡았고, 나는 4년 동안 이 모든 팀을 이끄는 팀장의 역할을 감당했다. 첫해에는 솔직히 버거웠다. 모든 것을 혼자 감당해야 했고, 실수도 참 잦았다. 하지만 그 시행착오의 시간 속에서 하나님께서는 한 사람 한 사람 일꾼을 보내주셨다. 그들을 발견하고, 함께 손을 잡고, 힘을 모아 가는 법을 배우게 하셨다. 계획은 누구나 세울 수 있다. 하지만 그 계획대로 사람을 이끌어 가는 일은 교회의 봉사 안에서 가장 어렵고도 섬세한 일이다. 그런데도 하나님께서는 우리에게 협력하는 마음을 주셨고 각 사람에게 주신 저마다의 달란트로 서로를 돕게 하셨다. TF팀은 가능하면 젊은 세대를 중심으로 구성했다. 그래야 마당 행사가 더 역동적으로 살아 움직였고 무엇보다 이 축제가 단지 행사를 위한 모임이 아니라 교회가 하나 되어 협력하는 기쁨의 장이 될 수 있었기 때문이다. 함께 준비하고 함께 웃고, 함께 땀 흘리는 그 시간 속에서 '교회가 하나 된다는 것'이 무엇인지 자연스럽게 배워 갔다. 물론 과정에 힘든 순간도 있었다. 의견이 부딪히고, 마음이 지칠 때도 있었다. 하지만 그런 시간을 지나며 이상하게도 한 영혼을 향한 집중은 더 깊어졌다. 전도 축제는 결국 사람이 남는 축제이다. 그리고 그 남은 사람들 한 명 한 명은 하나님을 사랑하는 사람들임이 분명하다.

당신과 동행

험한 바람이 스치는 길 위에서도
당신과 함께 걸으면
내 마음에 한숨 대신
조용한 노래가 피어납니다.

깊게 팬 골짜기를 지날 때도
당신을 바라보면
내 발걸음에 좌절 대신
감사의 빛이 스며듭니다.

당신과 동행하는 삶
그것은 평안의 길
그것은 은혜의 길입니다.

초록이 드리워지는 계절.
걸음이 가벼워지는 산책.
주께로 가까워지는 일상.
자아가 깨뜨려지는 예배.

특별 새벽기도: 부서별 특송과 간식의 진화

특별 새벽기도회가 끝나면 참여한 모든 학생과 교사들, 그리고 아이들까지 작은 간식이 손에 쥐어진다. 매일 다른 메뉴를 고르고 이른 새벽에 준비하는 일이 절대 쉽지는 않다. 그래서 담당 부서를 정하고 그 부서가 알뜰살뜰 마음을 모아 준비한다. 그 협력의 모습 자체가 또 하나의 은혜다. 물론 간식이 목적이 되어 새벽기도의 자리에 나오는 것은 아닐 것이다. 그런데도 간식을 받아 들고 집으로 돌아가는 아이들의 뒷모습을 바라보면 이 하루의 시작이 은혜이고 감사임을 자연스럽게 느끼게 된다. 그리고 종종 이런 질문이 따라온다. "내일은 간식 뭐예요?" 그 물음 속에는 내일도 이 자리에 함께하겠다는 작은 약속과 다시 만나고 싶다는 기대가 조심스레 스며 있다. 기도로 시작한 새벽이 작은 간식 하나로 웃음이 되고, 그 웃음이 다시 다음 날의 발걸음이 된다. 하나님은 그렇게, 아주 사소한 것들로도 우리의 마음을 이어 가신다.

사람은 숲과 같아서

사람 사이도 숲과 같습니다.
나무가 너무 빽빽하면
길을 잃고,
햇빛이 들지 않아
꽃은 피지 못합니다.

너무 드물면
바람을 막아줄 나무도,
쉴 그늘도 없어
외롭고 지칩니다.

적당한 간격
비치는 햇살
숨 쉴 틈이 있어야!
숲은 길을 품고
꽃을 틔웁니다.

사람 사이도 그렇습니다.
너무 가까워도
너무 멀어도
삶은 자라지 못합니다.

✓ **한 줄도 소중하다**

어제의 초록이 오늘의 초록과 다르듯
어제의 은혜가 오늘의 은혜가 다르다.
어디에 머물고 어느 때 열심히 할까요?

특별 새벽기도회 주제: 기도의 시작점

'복음의 시작점'이라는 특별 새벽기도의 주제처럼, 우리의 하루도 우리의 준비도 언제나 기도로 문을 연다. 아직 어둠이 완전히 가시지 않은 새벽, 우리는 예배당에 모여 말보다 먼저 숨을 고르며 조용히 무릎을 꿇는다. 이 자리가 무언가를 해내기 위한 출발점이 아니라, 하나님 앞에 먼저 엎드리는 자리임을 그 시간 우리는 다시 깨닫는다. 132년 전, 이 땅에 처음 발을 디딘 선교사들 또한 아무것도 없는 곳에서 가장 먼저 기도의 무릎을 꿇었다. 이 땅의 죄를 회개하며 복음의 사명을 시작했던 그 자리처럼, 우리 역시 같은 마음으로 같은 방향을 바라보며 기도의 자리에 서 있었다. 전도 축제는 사람의 열심으로 시작되지 않고, 프로그램으로 완성되지도 않는다. 모든 사역의 시작은 언제나 기도이다. 그 아침, 우리는 다시 배웠다. 복음의 이야기는 언제나 기도의 자리에서부터 흘러가기 시작한다는 것을. 특별 새벽기도의 시간은 우리로 하여금 그 변하지 않는 시작을 다시 붙들게 했다.

하나님의 말씀 따라

하나님은
사람을 통해
하나님의 일을 이루십니다.

환경이 흔들려도
하나님은 흔들리지 않고
살아 계심은
조건이 없습니다.

믿음이 없이는
기쁨도 없고
순종 없는 확신은
머무르지 않습니다.

그러므로
걱정 대신
말씀을 붙잡고
한 걸음 나아가야 합니다.

살아 계신 하나님은
지금도 역사하십니다.

계절도 사람도 하나님의 일도
지나가는 뒷모습이 예뻐야 합니다.

주일학교 전도 축제 특별 새벽기도

새벽마다 주님은 은혜를 부어 주시고 전도를 향한 새로운 도전을 마음에 심어 주신다. 그래서 나는 늘 다짐한다. 어떤 것도 기도보다 앞서지 않게 하자고. 특히 전도는 더욱 그러하다고 전도 축제를 준비하는 모든 과정은 결국, 기도의 자리로 다시 돌아오게 만든다. 아이디어보다 먼저 기도하고 계획보다 먼저 무릎을 꿇게 하신다. 사람을 모으는 일 같아 보이지만 사실은 하나님 앞에 나 자신을 먼저 세우는 일이기 때문이다. 한 주 동안 전심으로 기도한다. 나를 위해 내가 품은 태신자를 위해 그리고 모든 과정에서 오직 하나님의 영광만 드러나기를 바라며 "한 번만 교회의 마당을 밟아 줘." 이 말은 누군가를 설득하려는 구호가 아니라 간절한 기도의 고백이다. 한 번의 발걸음이 한 번의 초대가 한 번의 만남이 하나님께서 일하실 시작점이 되기를 바라는 마음이다. 그래서 오늘도 나는 기도로 준비한다. 전도 축제는 그렇게 기도에서 시작되어 은혜로 이어진다.

믿음의 눈

어리석은 자와 지혜로운 자의 차이는
눈에 비친 것만 보느냐,
그 너머를 바라보느냐에 있습니다.

우리는 문제의 벽에 갇히지 않고
그 너머의 분을 바라보아야 합니다.

눈앞의 것만을
가장 귀한 가치로 삼는 이는
진리의 빛을 느끼지 못합니다.

나는 오늘도
보이는 것이 아니라
믿음의 눈으로 세상을 바라봅니다.

✓ **한 줄도 소중하다**

넘어지더라도
십자가를 붙잡고
일어서는 것이 은혜입니다.

릴레이 금식기도

전도 축제를 준비하는 동안 각 부서에서는 릴레이 금식기도가 이어진다. 보통 3주 동안 교사와 사역자 지도 장로까지 준비에 참여한 모든 구성원이 각자 3끼에서 5끼를 작정하고 기도의 자리에 선다. 교육관 입구에는 기도 제목과 함께 큰 기도표가 게시된다. 주 차별로 진행 상황을 한눈에 볼 수 있도록 만들고, 처음에는 이행률을 점검하기도 했다. 하지만 곧 깨닫게 된다. 기도는 관리의 대상이 아니라 하나님과의 약속이라는 사실을. 그래서 이행률을 확인하기보다는 각 부서의 기도팀장들이 스스로 기도의 자리로 나아갈 수 있도록 조용히 그러나 꾸준히 안내한다. 강요가 아니라 자발적인 마음으로 형식이 아니라 진심으로 드려지는 기도를 기다린다. 특별 새벽기도와 릴레이 금식기도를 통해 우리에게 맡겨진 영혼들을 떠올릴 때마다 한 가지는 분명해진다. 기도보다 앞설 수 있는 것은 아무것도 없다는 사실이다. 전도 축제는 그렇게 사람의 열심이 아니라 기도의 깊이로 준비되어 간다.

봉사

내가 옳음을 증명하려는 순간
내 곁에는 고요만 남아 있었습니다.

내가 다정함을 건네는 순간
사람들의 웃음이 들려왔습니다.
손이 손을 잡고,
작은 마음들이 이어져
커다란 힘이 되었습니다.

옳다. 그름의 울타리를 넘어
서로의 온기를 나누니
외로운 길이 아니 되고,
무거운 짐도 짐이 아니 되었습니다.

다정한 마음 하나가
또 다른 다정함을 불러내고,
그렇게 모인 우리들의 마음이
교회를 더욱 환하게 밝힙니다.

초록이 숨 쉬는 곳만큼
생각을 비우기 좋은 곳은 없다.
그리고 다음의 나음을 생각해 봅니다.

홍보 전단 만들기

전도 축제 준비가 본격화되면 각 부서에서는 태신자를 위한 선물을 준비한다. 물질적 풍요 속에서 자란 아이들을 위한 선물을 고르는 일은 생각보다 쉽지 않다. 게다가 혹여 선물이 전부가 되어 버리는 전도 축제는 아니길 바라는 마음이 있어 선택의 과정은 늘 더 조심스러워진다. 부서별로 아이들의 연령과 특성에 맞는 선물들이 정해지면 그 내용을 한 장의 홍보 전단지에 담는다. 이 전단지는 다섯 장씩 포장해 주일학교 아이들뿐 아니라 장년 성도들에게도 함께 나누기를 권한다. 사실 전단에 담긴 선물을 보고 교회 마당을 밟게 되는 친구들도 분명히 있다. 또한, 어른들이 전도 축제를 주변에 알리기에도 이 전단은 참 적절한 홍보 수단이다. 그래서 선물을 받을 수 있는 조건과 기준을 정확하게 기재하는 일 또한 중요하다. 그런데도 우리는 모두 알고 있다. 중요한 것은 선물이 아니라는 사실을 그래서 매년 같은 질문 앞에 서게 된다. '어떻게 하면 선물이 아닌 복음으로 아이들의 마음을 열 수 있을까.' 이 고민은 아마 전도 축제를 준비하는 모든 교회가 함께 안고 있는 숙제일 것이다. 그래서 우리는 오늘도 선물보다 복음을 앞세우는 길을 찾으며 조심스럽게 그러나 포기하지 않고 준비해 나아간다.

궁핍과 충족

돌아보면
삶에는 가난이 스쳐 갔으나
비어 있음은 없었습니다.

남의 것을 빼앗지 않아도
내게 주신 몫 안에서
충분히 살아갈 수 있음을 배웠습니다.

혹여 수단이 목적으로 삼아
끝없는 소유에 매달린 건 아닌지
내 마음을 비치어 봅니다.

욕심이 아니라 만족으로,
결핍이 아니라 풍요로,
오늘도 충만의 길을 걸어갑니다.

불빛만이 달빛밖에 없을 때
당신은 외로운가요? 당신은 아늑한가요?
외로운 것도 사랑 때문이고
아늑한 것도 사랑 때문입니다.

본격적인 준비

태신자 작정과 관계 맺기 1차: 전도 축제를 알리기

태신자와의 관계 맺기는 총 네 차례에 걸쳐 천천히 이루어진다. 그 첫 번째는 아주 가볍다.

전도 축제를 알리고 친구에게 조심스럽게 소개하는 시간이다. 처음부터 "우리 교회에 와"라고 말하지 않는다. 그저 전도 축제가 있다는 사실을 전하고, 어떤 자리인지 이야기해 주는 것부터 시작한다. 이때 미리 준비해 둔 홍보 전단지를 건넨다. 태신자를 작정하고 기도로 준비했어도 요즘의 전도 환경은 절대 쉽지 않다. 어떤 아이들에게는 친구에게 무언가를 권유하는 일 자체가 큰 용기이기도 하다. 그래서 우리는 첫 단계에서 아이들에게 부담을 주지 않으려 한다. 1차 관계 맺기는 문을 활짝 여는 일이 아니라 그저 살짝 두드려 보는 일이다. 거절당하지 않기 위해서가 아니라, 상대의 마음을 존중하기 위해서이다. 전도는 그렇게 조급하지 않게 가볍게 그러나 진심으로 시작된다.

도적이 오는 것은

나를 찾아오는 모든 발걸음이
늘 선한 마음으로 다가오는 것은 아닙니다.
때로는 내가 지닌 가장 귀한 것을
노리고 오는 이들도 있습니다.

신앙 공동체 안에도
평안과 화목을 해치려는 그림자가 스며듭니다.
그러기에 개인도, 가정도, 교회도
깨어 지켜야 합니다.

겉모습은 바꿀 수 있어도
그 열매까지는 속일 수 없기에,
우리는 분별의 영을 구하며
가정과 교회, 공동체 위에
은혜가 머물기를 소망합니다.

✓ 한 줄도 소중하다

물속에는 물고기의 길이 있고
숲속에는 나무 숨의 길이 있고
맘속에는 하나님의 길이 있다.

관계 맺기 2차: 마음을 전하기, 함께 시간을 보내기

마음의 문을 살짝 두드렸다면 두 번째는 마음을 전해 보는 시간이다. 관계 맺기 2차는 말보다 함께 시간을 보내는 것에서 시작된다. 친구들과 마음을 나누는 가장 좋은 방법은 역시 함께 시간을 보내는 일이다. 하지만 요즘 아이들의 하루는 생각보다 바쁘다. 방과 후에는 학원으로, 또 다른 일정으로 쉴 틈 없이 흘러간다. 그래서 멀리 계획을 세우기보다 일상에서 마주치는 순간들이 더 소중해진다. 학교에서 쉬는 시간에 우연히 마주친 짧은 시간 속에서 다시 한번 마음을 두드리고 조심스럽게 마음을 전한다.

그 시간 속에서 전도 축제 이야기는 꼭 꺼내야 할 주제가 아니라 많은 대화 중 하나로 자연스럽게 흘러가면 된다. 굳이 교회 이야기를 앞세우지 않아도 괜찮다. '전도해야 한다.'라는 마음을 드러내기보다 그저 함께 웃고, 듣고, 공감하는 시간이 먼저다. 그렇게 보내는 시간 속에서 전도 축제 이야기는 어느새 자연스럽게 자리를 잡는다. 함께 시간을 보내는 것이 어려운 친구들에게는 교사들이 손을 보태고 때로는 부모님의 도움을 받아 분식집에 가거나 집으로 초대해 시간을 보내기도 한다.

작은 식탁 하나가 따뜻한 간식 한 접시가 마음을 잇는 다리가 된다. 전도는 결국 관계를 통해 이루어진다. 그래서 먼저 베풀고 먼저 다가가는 마음이 필요하다. 복음은 그렇게 관계 속에서 조용히 전해진다.

당신의 소리

우리는 누구의 소리를 따라야 할까?
내 마음속의 생각과 감정의 소리일까?
아니면 세상의 수많은 소음일까?

나는 듣고 싶습니다.
당신의 뜻이 들리는 소리를
조용히 귀 기울여 바라보며
그 길을 걸어가고 싶습니다.

내 마음을 흔드는 강한 소리에도
교만하지 않게 하시고
나를 겸손히 다스리게 하소서.

당신의 소리에 귀를 기울이는 자
그 길에서만 참된 평안을 얻고
그 길에서만 올바른 길을 볼 수 있으니

오늘도 나의 눈과 귀와 마음을
당신께 열어 드리오니
당신의 부드럽고 따뜻한 소리로
내 삶을 인도하소서.

십자가는 모든 것을 감싸는 침묵이며
십자가는 모든 것을 살리는 사랑이다.

관계 맺기 3차: 기도하기

　마음을 두드리고 마음을 전하는 시간을 지나면 그 다음은 더 말로 할 수 있는 영역이 아니다. 그래서 우리는 더욱 간절히 기도한다. 결국, 한 사람의 마음을 움직이시는 분은 우리가 아니라 하나님이시기 때문이다. 아무리 관계를 잘 맺고, 아무리 시간을 함께 보내도 복음 앞에서 마음을 여는 일은 오직 하나님께 속한 일임을 우리는 잘 안다. 그래서 관계 맺기 3차는 의도적으로 특별 새벽기도의 시간과 맞물리게 계획한다. 특별 새벽기도 기간과 자연스럽게 연결되도록 전도 축제의 흐름을 조율한다. 아이들이, 교사들이, 그리고 부모들이 같은 마음으로 같은 기도 제목을 붙들게 하기 위함이다. 이 시기의 기도 제목은 단순하면서도 분명하다. "하나님, 내 친구가 예수님을 알게 해 주세요." "예수님을 믿게 해 주세요." "그리고 우리 함께 천국 가게 해 주세요." 이 기도에는 계산도, 조건도 없다. 오직 한 영혼을 향한 진심뿐이다. 말로는 다 전하지 못했던 마음을 기도의 자리에서 하나님께 올려 드린다. 새벽의 고요 속에서 아이들의 이름이 하나씩 불린다. 전도 대상자의 얼굴을 떠올리며 아이들은 처음으로 '영혼'이라는 단어의 무게를 배운다. 전도는 이벤트가 아니라 한 사람을 품는 일임을 기도를 통해 깨닫게 된다.

　그렇게 관계 맺기 3차는 사람의 노력에서 하나님의 역사로 시선을 옮기는 시간이다. 전도는 그 순간부터 우리가 하는 일이 아니라 하나님께서 일하시는 이야기가 된다.

약할 때 강함

때로 우리의 자랑거리는
그 자체로 약점이 되기도 합니다.

외모와 지식, 재능과 실력
모든 것이 축복이 될 수 있지만
우리가 그것을 의지할 때
함정이 되고, 올무가 되며
때로는 무덤이 되기도 합니다.

그러므로
약할 때 강함 주시는 그분을
전적으로 신뢰하며
한 걸음씩 나아가야 합니다.

✔ **한 줄도 소중하다**

봄에 피는 꽃만으로 행복할 수 있다면
우리의 계절은 늘 봄일 테요.

관계 맺기 4차: 초대하기

관계 맺기의 마지막 네 번째는 마침내 전도 축제로 초대하는 일이다. 이제 더 이상 설명도, 준비도 아니다. 마음을 담아 한 걸음을 부탁하는 순간이다. 초대장을 만들어 전도 대상자의 이름을 꾹꾹 눌러 적어 전해 주는 방법이 참 좋다. 그리고 가능하다면 꼭 한마디를 덧붙이도록 한다. "너를 위해 정말 많이 기도했어. 꼭 같이 오면 좋겠어." 그 말 한마디에 그동안의 기도와 기다림이 모두 담긴다. 여기까지가 우리의 몫이다. 이후의 일은 하나님께 맡길 수밖에 없다. 사실 약속은 참 쉽게 바뀐다. 분명 오겠다고 약속했는데 전도 축제 당일 아침 햇살에 눈을 뜨고 나니 마음이 달라졌다는 이야기는 너무도 흔하다. 그래서 교회 입구에서 한없이 친구를 기다리는 아이들의 모습을 우리는 여러 번 보아 왔다. 그 모습을 바라볼 때마다 자연스럽게 예수님의 마음을 떠올리게 된다. 늘 우리를 초대하시고 문 앞에서 기다리고 계시지만 우리는 입술로만 고백하고 행함으로 응답하지 못했던 순간들이 있었음을 알기에 그 기다림의 자리에 서 있는 우리 학생들이 조금씩 예수님의 마음을 닮아 가기를 바란다. 초대하고 기다리고, 상처받으면서도 포기하지 않는 사랑을 배우기를 바란다. 초대한 뒤에는 그 주중에도 계속해서 연락한다. 오기가 어려운 이유가 있다면 교통편은 가능한지 늦잠은 괜찮은지 부모님의 반대는 없는지 하나하나 살핀다. 전도는 결코 쉬운 일이 아니기에 여건을 함께 만들어 가는 노력이 필요하다.

이 과정에서 교사들의 도움이 절대적으로 필요하다. 아이 혼자 감당하기에는 전도의 길이 아직 버겁기 때문이다. 그래서 교사들은 아이 옆에서 함께 걷는 동역자가 된다. "한 번만 교회의 마당을 밟아 줘." 이 말은 강요가 아니라 간청이고 행사가 아니라 사랑의 초대다. 그 한 번의 발걸음 위에 하나님께서 일하실 모든 가능성이 조용히 기다리고 있다.

가난이 찾아올 때

가난이 우리 삶에
살그머니 찾아올 때가 있습니다.

무너지는 마음 텅 빈 손에도
아직 남아 있는 것들이 있습니다.

조금의 힘 조금의 시간,
남아 있는 건강,
그리고 작은 지혜 하나

그 모든 것은
사랑의 재료가 됩니다.

비록 가난하고,
힘들고 어려운 삶을 살지라도
남은 것으로 사랑할 때

그 사랑은 힘이 되고 기쁨이 됩니다.

잘하는 것으로 못하는 자를 나무라지 않기.
봄이 잘하는 것으로
우리를 나무라지 않는 것처럼.

영적 전쟁

금요성령 집회 기도회: 말씀과 기도로 뜨거워지기

전도 축제를 앞둔 2주 동안 금요기도회는 평소와는 다른 긴장과 기대 속에 흐른다. 단순히 모여 기도하는 시간이 아니라, 전도의 숨결을 다시 불어넣는 시간이다. 교사와 모든 학생이 말씀 앞에 다시 서고, 마음 깊은 곳에 쌓여 있던 무거움과 두려움을 하나님 앞에 내려놓는 시간이다. 우리는 안다. 전도는 마음만으로 되는 일이 아니라는 것을, 보이지 않는 영적 방해와 공격이 분명히 존재하고 그래서 더더욱 말씀과 기도로 무장하지 않으면 한 발짝도 나아가기 어렵다는 것을. 금요기도회는 바로 그 싸움의 자리다. 살아 있는 말씀이 우리의 생각을 깨우고, 기도가 우리의 무릎을 다시 세운다. "왜 우리는 전도를 해야 하는가?" 이 질문을 다시 꺼내는 것도 이 시간의 중요한 이유다. 전도 축제가 가까워질수록 책임감은 부담으로 열심은 피로로 바뀌기 쉽다. 그때 말씀은 조용히 그러나 분명하게 말해 준다. 전도는 성과가 아니라 사랑이며 숫자가 아니라 한 영혼이라는 사실을. 한 번만이라도 교회 마당을 밟아 보게 해 달라는 그 간절함이 우리의 출발점임을. 지쳐 있는 이들에게 금요기도회는 다시 집중할 힘을 준다. 끝까지 포기하지 않도록, 마지막 순간까지 사랑으로 서 있을 수 있도록 하나님께서 숨을 불어넣으시는 시간이다. 그래서 이 시간은 소중하다. 눈에 띄지는 않지만, 전도 축제를 떠받치는 가장 깊은 뿌리이기 때문이다. 말씀을 전해 주실 분을 섭외하는 일은 언제나 쉽지 않다. 그러나 지나고 보면 한 번도 우연이었던 적이 없다. 그때 그 말씀 그 음성 그 만남은 모두 하나님께서 미리 준비해 두신 선물이었다. 필요한 때에 필요한 말을 들려주시기 위해 예비해 두신 분들이었다는 고백밖에는 남지 않는다. 전도 축제는 하루의 행사가 아니라 이렇게 쌓여 온 기도의 시간 위에 세워진다. 그리고 우리는 오늘도 같은 마음으로 기도한다.

"주님, 단 한 번만이라도… 교회 마당을 밟게 해 주세요."

그 한 걸음이 누군가의 인생을 바꿀 수 있음을 믿으며.

사랑받을 자격

당신이 내게 주신 사랑은
사랑받을 자격 없는
나를 향한 한없는 은혜입니다.

당신은 말씀하십니다.
"내가 너를 선택했으니
끝까지 책임지겠다."

때마다 시마다
피할 길을 열어 주시고,
그 길 위에
사랑을 덧입히십니다.

당신의 사랑은
돕는 사랑
값없이 부어 주시는
은혜입니다.

✔ 한 줄도 소중하다

당신이 분다.
바람이 좋다.
당신이 핀다.
봄꽃이 좋다.

길거리 찬양

전도 축제를 준비하던 처음 2년 동안 우리는 학생들과 교사들이 함께 길거리로 나갔다.

금요일 밤 사람들이 가장 많이 모이는 거리 한복판에서 찬양을 시작했다. 기타 소리와 함께 울려 퍼지던 노래는 단순한 음악이 아니라 세상 한가운데에 하나님을 알리고 예수님의 복음을 전하고자 하는 고백이었다. 그 시간만큼은 두려움보다 기쁨이 컸고, 낯선 시선보다 찬양의 울림이 더 크게 느껴졌다. 그러나 세상은 우리의 열정만큼 부드럽지 않았다. 소음이라는 이유로 민원이 들어왔고, 경찰차의 불빛이 찬양 소리보다 먼저 다가오기도 했다. 두 번째 해에는 밤 10시 이후 학생들을 데리고 나와 찬양을 시킨다는 이유로 또다시 민원이 제기되었다. 선한 의도와 상관없이 세상의 기준은 분명했고 우리는 그 벽 앞에서 여러 번 멈춰 서야 했다. 결국, 단체로 진행하던 길거리 찬양 전도는 중단할 수밖에 없었다. 아쉬움이 없었다면 거짓말일 것이다. 하지만 그 시간이 헛된 적은 단 한 번도 없었다. 함께 거리 위에 서 있던 모든 사람의 마음에는 설명하기 어려운 뜨거움이 남아 있었다. 찬양을 통해 하나님을 체험했고 복음을 전하는 일이 절대 쉽지 않다는 사실을 몸으로 배웠다. 그때 우리는 깨달았다. 복음의 전달자는 언제나 환영받는 자가 아니라는 것을. 그런데도 세상으로 나아가야 한다는 부르심은 사라지지 않는다는 것을. 전도는 방법의 문제가 아니라 순종의 문제이며, 무대가 아니라 마음의 방향이라는 것을. 길거리 찬양은 멈췄지만, 우리의 사명은 멈추지 않았다. 오히려 그 시간을 통해 전도는 더 조심스럽고, 더 깊어져야 한다는 것을 배웠다. 소리 높여 부르지 않아도, 한 번 건네는 초대의 말 속에 복음이 담길 수 있다는 것을 알게 되었다. 그래서 우리는 오늘도 같은 기도를 품는다. 한 번만이라도 교회 마당을 밟아 보게 해 달라고. 그 한 걸음이 하나님을 만나는 시작이 될 수 있음을 믿으며 여전히 세상 한가운데를 향해 마음을 연 채 서 있다.

세미한 음성

당신을 그저
바라보는 것도 좋지만
더욱 좋은 것은
세미한 음성으로
당신과 나누는 대화입니다.

먼저
당신의 그 고요한 음성에
귀를 기울입니다.
당신이 계신 곳
당신이 오시는 길 위에
내 마음을 기울입니다.

나의 삶 깊숙이
들어와 계시는 당신
세미한 음성으로
나를 이끄시는 그 손길에
감사를 드립니다.

영적 전쟁

봄을 찾아 숲에 왔는데
봄은 보이지 않고 바람만 맞이한다.
찬찬히 걷다 보니 바람 끝에 봄이 달려 있고
빈 가지 끝에 봄이 실려 온다.

노방전도

　노방전도는 참 재미있다. 결과를 떠나 그 자리에 서 있는 것만으로도 마음이 살아난다. 물론 전도지나 전도 축제 홍보 전단을 정중히 거절하는 사람도 있고, 받아 들자마자 아무렇지 않게 버리는 모습도 마주한다. 그럴 때면 잠시 마음이 움츠러들기도 한다. 그러나 반대로, 먼저 전도지를 달라고 손을 내미는 사람도 있고, 전단을 들여다보다가 이것저것 질문을 던지는 사람도 있다. 그 짧은 대화 속에서 우리는 하나님께서 이미 누군가의 마음을 만지고 계심을 느낀다. 학생들과 함께 전도지를 들고 거리에 서면 흥미로운 장면을 자주 보게 된다. 학생들은 어른들에게는 비교적 담대하게 다가가지만 또래의 학생들 앞에서는 유독 어려워한다. 같은 또래의 무리가 다가오면 슬쩍 방향을 바꾸거나 뒤로 물러서 숨듯이 서 있기도 하다. 그 모습이 안쓰럽기도 하고 동시에 우리의 모습과 크게 다르지 않다는 생각이 든다. 가장 두려운 대상은 언제나 '낯선 타인'이 아니라 '나와 비슷한 사람'이기 때문이다. 솔직히 말하면 전단지 한 장을 보고 전도 축제 당일 교회로 발걸음을 옮기는 사람은 많지 않다. 숫자로만 본다면 노방전도는 효율이 없어 보일지도 모른다. 그러나 우리는 그 시간을 통해 다른 것을 얻는다. 전도지를 나누어 주며 전도의 근력을 키운다. 거절 앞에서도 마음이 무너지지 않는 연습을 하고 침묵 속에서도 복음을 품고 서 있는 법을 배운다. 그리고 시간이 지나 돌아보면, 그날 거리에서 마주한 거절마저도 하나님의 은혜였음을 알게 된다. 한 번의 거절이 우리를 포기하게 만드는 것이 아니라, 오히려 더 단단하게 만든다는 사실을 깨닫는다. 처음 나섰을 때보다 두 번째 나설 때 조금 더 담대해지는 것처럼 그렇게 우리의 마음은 자라난다. 노방전도는 우리에게 가르쳐 준다. 예수님의 복음을 전하는 일이 부끄러움이 아니라 자랑이라는 것을 크게 박수받지 않아도, 즉각적인 열매가 보이지 않아도 그 자리에서 복음을 들고 서 있었던 자체가 이미 하나님 앞에서는 귀한 순종이었음을. 그래서 오늘도 우리는 다시 전도지를 든다. 결과보다 순종을 성공보다 담대함을 배우기 위해.

달빛뿐일 때

불빛 하나 없이
세상이 고요해질 때,
그 자리에
달빛만이 머뭅니다.

그 순간 감정은
외로움일까? 아늑함일까?

외로운 것도,
누군가 그리운 마음이 피어
가슴을 적시기 때문이고,

아늑한 것도,
누군가를 품었던 온기가
아직도 그대를 감싸고 있기 때문입니다.

그 모든 감정의 뿌리는
사랑입니다.

당신과의 사랑이 있었기에
외로움도 찾아왔고,
사랑이 머물기에
그 밤조차 아늑합니다.

✓ 한 줄도 소중하다

어쩌다가 교만이 아니라
항상 교만한 마음이다가
어쩌다가 은혜 한 번에 순간 겸손이다.

홍보: 방송 홍보와 시지정 현수막 그리고 게릴라 현수막

전도 축제를 알리는 방법은 거리에서 전도지를 나누는 일만 있는 것이 아니었다. 방송 홍보와 현수막 홍보 역시 또 하나의 전도였다. 눈에 띄지는 않지만, 조용히 사람들의 일상 속으로 스며드는 방식이었다. 방송 홍보는 주로 기독교 방송국의 라디오 채널을 활용했다. 광고료가 무료라는 점도 감사했지만 무엇보다 전도 축제의 취지를 잘 정리해 의뢰하면 목소리 좋은 아나운서가 교계 소식으로 전해 준다는 사실이 마음을 설레게 했다. 라디오에서 흘러나오는 전도 축제 안내를 들을 때마다, 이미 알고 있는 내용임에도 불구하고 마음이 다시 다잡아졌다. 준비하는 우리의 각오를 하나님 앞에서 다시 고백하는 시간 같았다. 누군가의 차 안에서, 누군가의 일터에서, 그 짧은 방송을 통해 하나님께서 또 다른 만남을 준비하고 계실 것이라는 기대도 함께 품게 되었다. 현수막 홍보는 더욱 현실적인 싸움에 가까웠다. 시에서 지정한 게시대를 활용해야 했기에, 무엇보다 '자리'를 확보하는 것이 중요했다. 우리 지역에서는 한 달 반 전부터 신청하고 추첨을 기다려야 했다. 사람들이 많이 오가는 곳, 특히 학교 주변 게시대는 늘 경쟁이 치열했다. 그 작은 공간 하나를 얻기 위해 기다리고, 또 기다리는 과정 자체가 전도 축제를 향한 우리의 간절함을 보여 주는 것 같았다. 한편으로는 게릴라 현수막도 시도해 보았다. 주말에 학생들이 많이 오가는 장소에 잠시 게시했다가 다시 거두어들이는 방식이었다. 시작하기 전부터 마음 한쪽이 불편했다. 불법적인 방법인데 과연 옳은가에 대한 토론도 있었다. 그런데도 "한 번쯤은 해 보자"라는 의견이 앞섰고, 그렇게 한 주 동안 현수막을 걸었다. 그러나 결과는 뜻밖이었다. 주변에 걸린 다른 현수막들은 그대로 남아 있었는데 전도 축제 홍보 현수막만 감쪽같이 사라졌었다. 누가, 언제, 왜 가져갔는지는 알 수 없었다. 그 자리에 서서 우리는 말없이 현수막이 걸려 있던 빈자리를 바라보았다. 그리고 그때 깨달았다. 전도의 열심보다 중요한 것은 전도의 방향이라는 것을. 선한 목적이라 해도, 옳지 않은 방법은 결국 오래 남지 않는다는 것을. 그 일 이후로 우리는 다시 원칙으로 돌아왔다. 시간이 더 걸리더라도, 번거롭더라도, 옳은 길로 가기로 마음을 모았다. 전도 축제는 단지 사람을 모으는 행사가 아니라, 준비하는 과정부터 하나님 앞에 정직해야 하는 신앙의 고백이라는 사실을 다시 배웠다. 전도는 결과로 평가되지 않는다. 어떤 방식으로, 어떤 마음으로 나아갔는지가 더 중요하다. 그래서 오늘도 우리는 묻는다. 더 많이 알리는 길이 아니라 더 바르게 알리는 길을 선택하고 있는지를. 그리고 조용히 기도한다. 하나님께서 원하시는 방식으로, 하나님께서 원하시는 때에, 필요한 사람을 교회 마당으로 인도해 주시기를.

봉사는 예수님 닮아 가는 길

봉사는
내가 잘하는 것을 내세워
하나님께 인정받으려는 일이 아닙니다.

그보다는
넘어질 듯 흔들리며
터덕터덕
한 걸음씩 내딛는 일입니다.

부족하고 연약하지만
그분의 손을 붙들고,

내가 아닌
하나님을 의지하여
나아가는 것입니다.

섬김은
내 능력의 결과가 아니라,
은혜로 허락된 순종입니다.

한 걸음,
또 한 걸음.

그 걸음마다
주님이 함께하시기에
그 길이 곧 봉사입니다.

✓ 한 줄도 소중하다

은혜는 당연한 것보다 더 가 주는 것.
주님이 우리에게 베풀어 주셨듯이.

권사회와 여전도회 헌신

전도 축제를 준비하며 가장 먼저 떠오르는 장면은 화려한 무대도 북적이는 사람들로 가득 찬 교회 마당도 아니다. 내게 가장 선명하게 남아 있는 풍경은 교회 식당 주방이다.

처음 전도 축제를 시작했을 때 우리는 넉넉한 계획을 세우지 못했다. 예산도, 경험도 부족했다. 그때 권사회와 여전도회가 조용히 손을 내밀었다. "우리가 해 볼게요." 그 한마디가 전도 축제의 밥상이 되었다. 만약 그분들의 헌신이 없었다면, 그해 전도 축제의 먹거리는 존재하지 않았을 것이다. 여덟 가지 먹거리를 나누어 준비해 주셨다. 한 사람 한 사람이 맡은 메뉴는 달랐지만, 마음은 하나였다. 그날 교회 마당을 처음 밟은 사람들에게 우리는 음식을 건넸고, 사실은 그보다 더 많은 것을 나누고 있었다. 정성과 웃음, 그리고 '당신을 환영합니다'라는 말 없는 고백이었다. 선하게 시작한 그 섬김은 전도 축제를 거듭할수록 자라났다. 메뉴는 점점 다양해졌고 준비는 더 풍성해졌다. 이제는 예산이 편성되어 예전처럼 전적으로 헌신에만 기대지 않아도 된다. 넉넉하게 채워 드리지는 못해도, 여유 있게 준비할 수 있게 되었다. 그러나 변하지 않은 것이 있다. 주방에 모이는 사람들의 얼굴과 그 안에 흐르는 분위기다. 먹거리를 준비하는 교회 식당 주방에서는 늘 웃음소리가 끊이지 않는다. 서로의 손길을 알아보고, 서로를 격려하며 음식을 만든다. 그곳은 이미 축제의 현장이다. 교회 마당에 사람들이 모이기 전, 축제는 그 주방에서 먼저 시작된다. 전도 축제를 통해 새로운 사람들이 교회 마당을 밟는 것도 참 감사한 일이다. 그러나 그보다 더 깊이 감사한 것은 우리 안에서 일어나는 변화다. 함께 준비하며 하나가 되어 가는 과정, 역할이 아니라 마음을 내어놓는 헌신, 그리고 그것을 가능하게 하시는 하나님의 은혜를 발견하는 시간이다. 그분들에게 힘을 쓰는 노동은 자랑이 아니다. 대신 마음을 쓰는 헌신이 자랑이 되고, 그렇게 할 수 있도록 부어 주신 하나님의 은혜가 자연스레 흘러나온다. 전도 축제는 누군가를 초대하는 자리이기도 하지만, 동시에 우리 자신이 다시 교회가 되어 가는 시간이다. 그래서 나는 오늘도 속으로 이렇게 말해 본다. "한 번만 교회 마당을 밟아 줘." 그 한 걸음 안에, 이미 하나님께서 준비하신 따뜻한 식탁과 하나 된 공동체가 기다리고 있으니까.

선한 일에 능숙함

악한 사람은
시절이 악할수록 더 악해지고,
불의에 물들기를 주저하지 않습니다.

그러나 의인은
혼탁한 시대 속에서도
진리에 메이기를 힘씁니다.
어둠 속에서도 빛을 좇는 자입니다.

우리는 선한 일에 지혜롭고,
악한 일에 미련하기를 원합니다.
선을 행함에 능숙해지기를,
사랑으로 옳은 길을 걷기를
날마다 소망합니다.

✔ **한 줄도 소중하다**

단 한 번 눈 마주침에
단 한 번 큰 미소 한 번.
주일 내내 행복하고
한 주 내내 웃음 짓는다.

남자 성도 집사회 헌신: 몸으로 쓰는 믿음

　권사회와 여전도회가 전도 축제의 먹거리를 책임진다면, 남자 성도들은 말없이 몸을 내어놓는다. 누군가는 앞에서 섬기고, 누군가는 뒤에서 떠받친다. 전도 축제의 하루는 그렇게 균형을 이룬다. 전도 축제가 열리는 때는 늘 5월 말이다. 햇살은 이미 여름의 얼굴을 하고 있고 교회 마당은 오전부터 뜨거워진다. 그날 남자 성도들은 땀을 아끼지 않는다. 먹거리를 나르고 쓰레기를 분리수거하고 마당을 오가는 동선을 지키며 혹시 모를 사고를 살핀다. 누군가 눈에 띄게 박수를 받는 일은 아니지만 축제가 안전하게 흘러가도록 묵묵히 자리를 지킨다. 행사가 교회 주차장에서 진행되다 보니 주차 문제는 늘 중요한 숙제다. 외부 주차장을 확보하고 오가는 차량을 안내하며 혹여 불편함은 없는지 살핀다. 축제가 한창일 때도 그들의 일은 끝나지 않고 모든 행사가 마무리된 뒤에도 마지막까지 남아 깔끔하게 정리한다. 사람들의 발걸음이 사라진 뒤에야 비로소 하루가 끝난다. 처음 전도 축제를 시작했을 때는 모두가 서툴렀다. 무엇을 어떻게 도와야 하는지 몰라 참여율도 높지 않았다. 그러나 해를 거듭할수록 달라졌다. 누가 시키지 않아도 자진해서 맡고 전도 축제가 온전히 세워지도록 책임지는 이들이 늘어났다. 그와 함께 모든 성도가 하나 되어 주일학교 전도 축제를 함께 만드는 시간이 자연스레 자리 잡았다. 무엇보다 감사한 것은 그 많은 사람이 오고 가는 축제 가운데 단 한 건의 안전사고도 없었다는 사실이다. 사실 남자 성도들의 봉사는 교회 안에서 종종 조용해 보인다. 때로는 소극적으로 비칠 수도 있다. 그러나 결정적인 순간 구체적인 책임과 역할이 주어질 때 그들은 누구보다 헌신적으로 움직인다. 말보다 행동으로 설명보다 책임으로 섬긴다. 그들은 교회의 큰 일꾼이며, 하나님 나라의 참일꾼이다. 전도 축제의 마당을 지키는 그들의 땀방울 위에 오늘도 교회는 안전하게 서 있다.

인생의 허무를 채우는 법

인생의 허무함은
그 누구도 피할 수 없는 길.
세상의 그 무엇도
참된 만족을 주지 못합니다.

허무를 허무로 채우는 삶,
그 끝도 허무할 뿐.

그러나 우리는
그분 앞에 서야 합니다.

길이요, 진리요, 생명이신
그분으로 채워질 때,
비로소 허무는 물러갑니다.

✓ 한 줄도 소중하다

계절이 지나간 자리에는
사랑과 기쁨으로 그리고 따뜻함으로
가득 채워지길 바랍니다.

그물 전도와 장결자 전도

다시! 교회 마당으로 전도 축제가 가까워질수록 자연스레 태신자 이야기가 많아진다.

새로운 이름들, 처음 듣는 얼굴들. 그런데 기도하며 명단을 들여다보다 보면 우리의 눈에 더 자주 들어오는 이름들이 있다. 한때 교회에 다녔지만, 지금은 오래 비어 있는 자리, 장기결석자들이다. 사실 그들의 전도는 쉽지 않다. 한 번 떠난 이유가 가볍지 않기 때문이다. 상처와 오해, 학생으로서 학업의 무게 혹은 설명하기 어려운 마음의 거리. 그래서 우리는 조심스럽다. 그런데도 포기할 수는 없다. 전도 축제를 앞두고 친구를 통해, 혹은 직접 심방을 통해 다시 한번 교회 마당을 밟아 주기를 간절히 권한다. 말보다 먼저 기도가 앞선다. 전도 축제는 장결자들을 다시 기도의 중심에 세우는 시간이다. 교사들의 태신자 명단에는 자연스럽게 그 이름들이 함께 적힌다. 더 강하게, 더 오래 기도한다. 혹시라도 마음 한쪽에 교회를 향한 미련이 남아 있다면, 누군가의 손길을 통해 다시 돌아올 수 있기를 바라면서 말이다. 놀라운 것은 실제로 그런 일이 일어난다는 사실이다. 마음이 완전히 떠나지 않았던 친구들은 누군가의 지속적인 관심과 견인으로 다시 발걸음을 옮긴다. 처음은 전도 축제라는 이름의 초대였지만 그다음은 예배였고, 결국은 정착이었다. 그 모든 과정에는 '포기하지 않는 전도'가 있었다. 그래서 우리는 장결자에 대한 기도와 전도를 멈출 수 없다. 전도는 단지 새로운 사람을 데려오는 일이 아니라 흩어진 양을 다시 품는 일이기 때문이다. 숫자를 채우는 일이 아니라 하나님께서 사랑하시는 한 사람을 끝까지 붙드는 일이다. 전도 축제의 형태는 해마다 조금씩 달라질 수 있다. 먹거리가 달라지고 프로그램이 바뀌고 마당의 풍경이 달라질 수는 있다. 그러나 변하지 말아야 할 것이 있다. 전도 축제의 본질은 전도이다. 사람을 향한 하나님의 마음을 다시 우리 마음에 새기는 일이다. 그래서 오늘도 우리는 말한다. "한 번만 교회 마당을 밟아 줘." 그 한 번의 걸음이 다시 믿음의 길로 이어질 수 있음을 우리는 알고 있기 때문이다.

못이 단단한 곳에 박힘같이

못이 단단한 곳에 박힘같이
우리는 약속을 굳게 지켜야 합니다.

흔들리는 마음 위에
진리의 못 하나 깊이 박아
끝까지 붙들어야 합니다.

십자가에 박힌 그 못은
고통의 자국이 아니라
약속과 회복의 자리.
우리 삶을 새롭게 세우는
은혜의 시작입니다.

눈에 좋아 보이는 길보다
우리를 위해 세우신
그 못의 약속을 따르길 원합니다.
흔들리지 않도록,
그분의 손안에
단단히 고정되기를 소망합니다.

✓ **한 줄도 소중하다**

내가 애써 붙드는 신앙이 아니라
하나님이 끝까지 붙드시는 은혜로.

학교 앞 심방

학교 앞에서 만난 약속 학교 앞 심방에 관한 책을 낸 지 어느덧 2년 이라는 시간이 흘렀다.

《내가 예수님 옆에 예수님이 내 옆에》라는 제목처럼, 그 책에는 수많은 심방의 장면과 마음들이 담겨 있다. 그러나 시간이 지나 다시 돌아보면, 학교 앞 심방은 전도 축제 기간에 가장 또렷하게 빛을 발한다. 학교 앞은 전도가 가장 직접 이루어지는 자리다. 태신자를 직접 만나 눈과 눈을 마주치고 그 자리에서 교회에 나올 것을 약속받는다. 메시지나 전화로는 담기지 않는 온기가 있다. 잠시 멈춰 선 시간, 서로의 얼굴을 확인하는 그 짧은 순간에 마음의 문이 열린다. 더 놀라운 일은 그 장면을 지켜보던 다른 친구들이다. 한 명을 향해 건넨 초대는 곧 여러 명의 관심으로 번진다. "그날 뭐 하는데?" "어디서 해?" 질문이 이어지고, 학교 앞은 순식간에 가장 적극적인 전도의 현장이 된다. 때로는 당혹스러운 순간도 있다. 다른 교회에 다니는 친구들조차 그날만큼은 전도 축제에 꼭 가겠다고 말한다. 마음 한편이 복잡해지지만 이내 생각이 정리된다. 전도 축제는 우리 교회를 알리는 자리가 아니라 교회의 마당을 처음 밟아 보는 기회를 열어 주는 자리라는 사실 때문이다. 한 번도 교회에 와 본 적 없는 친구들을 초대하기에, 학교 앞만큼 좋은 장소는 없다. 부담 없는 초대, 짧은 약속, 그리고 "한 번만 와 봐"라는 담백한 권유. 그 한마디에 담긴 진심은 생각보다 멀리까지 닿는다. 학교 앞

심방은 그래서 특별하다. 전도 축제가 아니었다면 건네지 못했을 말들을, 전도 축제라는 이름 아래 우리는 조금 더 담대하게 전한다. 그 자리에서 이루어지는 작은 약속들이, 언젠가 큰 믿음의 시작이 되기를 바라며 오늘도 학교 앞에 선다. 그리고 마음속으로 다시 한번 고백한다. "한 번만 교회 마당을 밟아 줘." 그 한 걸음 위에, 이미 하나님께서 기다리고 계신다는 것을 믿으면서.

삶이 두려울 때

삶이 버겁고
고통이 숨처럼 따라붙을 때
지금, 이 순간마저
벗어나고 싶을 때가 있습니다.

모든 것을 내려놓고 싶은
깊은 밤도 있습니다.

그러나
보이지 않는 그 손길,
창조주의 숨결은
여전히 우리 곁에 머뭅니다.

고요한 순간마다
우리를 감싸 안으십니다.

두려움이 파도처럼 밀려와도
우리는 흔들리지 않아야 합니다.
형언할 수 없는 아름다움으로
세상을 지으신 그분께서
우리 또한 더 귀하고 온전한 모습으로
조용히 빚어 가고 계시기 때문입니다.

겨울은 숲이 가장 정직한 계절이다.
우리가 옷을 한 겹 두 겹 입을 때 자연의 옷을 내려놓고
본연의 모습을 드러낸다.
주님 앞에 더욱 정직한 자로 서길 소망한다.

태·친·소: 태신자 친구를 소개합니다

전도 축제를 앞두고, 태신자를 소개하는 시간이 있다. 이름하여 '태·친·소'. 어쩌면 어색하고 수줍은 시간이지만, 그 안에는 참 귀한 고백이 담겨 있다. 친구의 이름을 부르며 소개하는 학생들의 얼굴에는 긴장과 설렘이 함께 묻어난다. "이 친구요, 꼭 전도 축제에 데려오고 싶어요." "제가 믿는 예수님을 이 친구도 알았으면 좋겠어요." 그 고백은 누구에게 시켜서 나오는 말이 아니다. 누군가의 눈치를 보며 억지로 꺼낸 문장도 아니다. 예수님을 만나 행복해진 마음에서 자연스럽게 흘러나온 고백이다. 그래서 그 시간이 은혜다. 전도는 프로그램이 아니라 마음이라는 사실을 다시 확인하게 된다. 학생들의 입술을 통해 전해지는 고백을 듣다 보면, 우리가 아이들에게 무엇을 가르쳤는지가 아니라 예수님께서 이미 그들의 마음에 무엇을 심어 두셨는지를 보게 된다. 친구를 소개하는 일은 생각보다 용기가 필요하다. 거절당할 수도 있고 반응이 없을 수도 있다. 그런데도 한 사람의 이름을 품고 기도하며 내미는 그 초대는 이미 전도의 시작이다. 교회로 데려오는 것보다 더 중요한 것은, 그 친구를 향해 마음을 열었다는 사실이다. 그날 주일은 유난히 따뜻하다. 예수님으로 기뻐하는 학생들 예수님을 전하고 싶어 하는 학생들로 가득 찬 시간 숫자가 많아서가 아니라, 마음이 살아 있어서 행복한 주일이다. 오늘도 우리는 그 이름들을 함께 부르며 기도한다. 학생들의 작은 고백 위에, 하나님께서 일하실 것을 믿으며

이렇게 전도 축제를 향한 걸음은 이미 시작되었고 그 시작은 '예수님을
나누고 싶은 마음'이었다.

교만

교만은
내가 내 삶의 주인이라
자신을 높이는 일입니다.

하늘 위에 나를 세우고,
그 누구도
내 위에 없다고 외치는 것입니다.

내 힘으로 여기까지 왔다고,
내 지혜로 이만큼 이루었다고
자신을 칭찬하고

내 뜻이면
무엇이든 할 수 있다 믿으며
한 걸음, 또 한 걸음
자신을 속이고 있는 것입니다.

이제는
잠시 멈추어
내 마음의 중심에

누가 앉아 있는지
조용히 깊이
돌아보아야 할 때입니다.

✔ **한 줄도 소중하다**

가을바람은 단풍나무에 고운 빗질을 하며
가을하늘은 단풍나무에 예쁜 거울이 된다.

날씨 이야기: 비 준비하시니

해마다 전도 축제를 준비할 때마다 하늘을 자주 올려다보게 된다. 예보를 확인하고, 구름의 움직임을 살피며, 혹시라도 비가 내리지는 않을지 마음을 졸인다. 준비할 수 있는 것은 최대한 준비하지만, 결국 마지막 결정권은 우리의 손에 있지 않다는 사실을 그때마다 다시 배운다. 날씨는 우리의 계획을 가장 쉽게 무너뜨리는 요소이면서 동시에 가장 분명하게 하나님의 주권을 느끼게 하는 표지다. 아무리 치밀하게 동선을 짜고 대안을 마련해도 하늘의 문을 여닫는 일은 인간의 영역이 아니다. 그래서 전도 축제를 준비하는 과정은 어느새 기도의 시간이 된다. 비가 오지 않기를 기도하면서도, 마음 한편에서는 이렇게 고백하게 된다. "주님, 맑음이 아니어도 괜찮습니다. 주님께서 허락하신 날씨라면 그것으로 충분합니다." 그 고백이 진심이 되기까지는 매번 연습이 필요하지만 전도 축제는 그 연습의 시간이 된다. 그날처럼, 주님은 때로 비를 거두시고 구름을 보내신다. 사람의 욕심만큼 맑지도, 우리의 두려움만큼 거칠지도 않은 날씨로 우리를 감싸신다. 그리고 우리가 맡은 일을 다 마치고 나서야 비를 내리신다. 마치 "이제 수고했다"라고 말씀하시듯. 전도 축제를 지나고 나면 늘 같은 생각에 이른다. 우리는 준비했을 뿐이고, 이루신 분은 하나님이셨다는 고백이다. 날씨 하나에도 이렇게 섬세하게 일하시는 하나님 앞에서 전도의 열매 또한 우리의 능력이 아니라 주님의 은혜임을 다시 인정하게 된다. 그래서

오늘도 우리는 하늘을 보며 기도한다. 전도 축제의 날씨보다 더 중요
한 것은 사람의 마음에 비를 준비하시고 은혜를 내리시는 하나님의 손
길임을 믿으며.

내가 생각하는 당신은

내가 생각하는
그 모습 그대로
당신이 보이지 않을 때가 많습니다.

그것은 내가 당신이 아니고,
당신은 그저 당신이시기 때문입니다.

당신을 내 마음대로 정의하려는 것
그것은 나의 무지입니다.

나의 짧은 지식
나의 좁은 경험으로
당신을 가늠하려는 것
그것은 나의 교만입니다.

당신은
내 생각 속에 가둘 수 없는 분,
내 경험 속에 담기지 않는 분.
눈에 보이지 않지만
분명히 살아 계시고,

지금도
나를 향한 당신의 뜻과 계획이
조용히 이루어지고 있음을
나는 신뢰합니다.

✔ 한 줄도 소중하다

주님 옆을 서성이는 자가 아니라
주님 곁에 머무는 자가 되게 해 주세요.

마당 잔치를
준비하다

교회를 놀이동산으로

전도 축제 당일, 교회 마당은 어느새 놀이동산이 된다. 바이킹을 비롯한 여러 놀이기구가 설치되고, 먹거리 부스와 체험 부스가 줄지어 선다. 말 그대로 '교회 마당에 세워진 작은 놀이동산'이다. 처음 교회의 마당을 밟는 친구들에게 교회에서 즐길 수 있는 것들을 최대한 보여주고 싶다는 마음이 그 안에 담겨 있다. 물론 그 놀이기구들이 진짜 놀이동산과 비교될 수는 없다. 에버랜드나 롯데월드에 비하면 규모도 작고, 종류도 한정적이다. 그래서 준비하면서 이런 생각이 들 때도 있다. '과연 이게 재미있을까?' 그러나 그 의구심은 축제가 시작되자마자 사라진다. 놀이기구 앞에는 긴 줄이 늘어서고, 넉넉하게 준비했던 먹거리는 예상보다 빨리 바닥을 보인다. 아이들의 웃음소리와 환호가 교회 마당을 가득 채운다. 해를 거듭할수록 우리는 더 인기 있는 놀이기구로 바꾸고, 더 놀이동산답게 꾸미기 위해 고민한다. 그런데 이상하게도, 마음 한편이 늘 가볍지만은 않다. 전도 축제에 전도는 빠지고, 축제만 남는 것은 아닐까 하는 생각이 고개를 든다. 준비하는 과정에서는 분명 믿음으로 고백한다. 이렇게라도 한 번, 정말 한 번만이라도 교회 마당을 밟게 하면 다음을 기약할 수 있다고. 그 한 번의 경험이 씨앗이 되기를 기대하며 정성을 다해 준비한다. 하지만 연말이 되어 정착자를 돌아보면 현실은 냉정하다. 전도 축제에 참여했던 학생들 가운데 실제로 교회에 정착하는 비율은 약 10% 정도다. 한 번의 행사를 위해 적지 않은 예산이 들어가고, 수많은 봉사자가 마음과 몸을 다해 헌신한다. 그 모든 과정을 생각하면, 결과 앞에서 아쉬움과 질문이 동시에 남는다. '이게 정말 맞는 전도일까?' 놀이기구는 쉴 새 없이 돌아가고, 학생들은 웃으며 즐긴다. 겉으로 보기에 교회 마당은 그 어느 때보다 활기차다. 그런데도 마음 깊은 곳에는 채우지 못한 빈자리가 남는다. 축제는 성공한 것 같은데, 전도는 여전히 숙제처럼 남아 있는 느낌이다. 아마도 이 질문을 품는 순간이 전도 축제가 우리에게 던지는 또 하나의 사명일 것이다. 웃음 너머에 있는 마음을 어떻게 만날 것인가? 즐거움 뒤에 남겨진 질문을 어떻게 붙들 것인가? 그 답을 찾기 위한 고민은 전도 축제가 끝난 후에야 비로소 시작된다.

아버지의 집

하나님 아닌 것들은
모두 내려놓아야 합니다.

붙들수록
마음을 흐리게 하기에
섬김은 나뉠 수 없고
주인은 하나뿐
우리는 하나님만 섬기도록
지음 받았습니다.

눈에 보이는 땅이 아니라
보이지 않는
아버지의 집이
우리의 목적입니다.

만일 목적이 이 땅이라면
우리는 수단과 방법을 가리지 않고
살게 될 것입니다.

그러나
인생의 끝에
주님을 목적 삼은 자는

주님 앞에 서서
칭찬을 듣습니다.

이 세상의 풍요가 아니라
영원한 하나님 나라를 위해
오늘도 기도하게 하옵소서.

✓ **한 줄도 소중하다**

____

간밤에 단비가 다녀갔나 보다.
가을이 촉촉하다.
간밤에 그분이 다녀갔나 보다.
마음이 녹녹하다.

복음 부스

전도 축제에서 전도란 무엇인가를 다시 묻게 되었을 때, 답은 의외로 단순했다. 전도는 사람을 모으는 일이 아니라, 복음을 소개하고 복음을 안내하며, 결국 복음으로 이끄는 일이다. 아무리 즐거운 시간이 있어도 복음이 빠진다면, 그것은 전도 축제가 아니라 잘 준비된 행사에 불과하다. 각 부서에서는 이미 복음 설교가 선포되고, 결단의 시간이 마련되어 있었다. 그러나 마음 한편에는 이런 질문이 남았다. '이것으로 충분한가?' 짧은 시간, 낯선 분위기 속에서 아이들이 복음을 온전히 이해하고 마음에 담기에는 부족해 보였다. 그래서 네 번째 전도 축제부터 결단을 내렸다. 놀이동산 한쪽에 복음 부스를 세우기로 한 것이다. 축제의 중심을 조금 옮기는 작은 시도였지만, 그 선택은 우리의 생각보다 훨씬 큰 열매로 돌아왔다. 첫해에는 어린이 전도협회의 도움을 받아 '글 없는 책'으로 복음을 전했다. 그림 하나하나를 넘기며 창조와 죄, 십자가와 구원의 이야기를 전했다. 솔직히 기대는 크지 않았다. 놀이기구를 타러 온 아이들이 과연 멈춰 서서 복음을 들을까 하는 의문이 더 컸다. 그런데 예상은 보기 좋게 빗나갔다. 생각보다 훨씬 많은 아이가 자리에 앉아 진지하게 복음을 들었다. 준비한 선물과 쿠폰은 모두 소진되었고, 미처 다 전하지 못한 아이들을 향한 아쉬움이 남을 정도였다. 그날 가장 분주했던 곳은 놀이기구가 아니라, 복음 부스였다. 그 순간 분명히 깨달았다. 전도 축제의 핵심은 언제나 복음 전달이라는 사실을. 그리고 하나님의 계획은 우리의 계산과 기대보다 훨씬 크고 깊다는 것을. 그 이후 전도 축제는 조금씩 방향을 바꾸기 시작했다. 놀이동산이 없어지지는 않았지만 더 중심은 아니었다. 사람을 모으는 도구는 수단일 뿐 목적이 아님을 분명히 하게 되었다. 축제의 주인은 놀이가 아니라 복음이어야 했다. 그 변화는 단번에 완성되지 않았다. 여전히 고민은 남아 있고, 여전히 질문은 계속된다. 그러나 분명한 것은 하나다. 전도 축제는 점점 놀이동산에서 복음의 자리로 옮겨가고 있다는 사실이다. 그리고 그 길 위에서 우리는 다시 초심으로 돌아간다. "한 번만 교회 마당을 밟아 줘." 그 초대의 끝이 즐거운 하루가 아니라 복음을 만나는 자리이기를 바라면서.

마음을 지키라

전쟁에서 승리는 가장 중요한 곳을
지켜 내는 데서 시작된다.

영적 전쟁도 같다.
원수는 겉모습이 아니라
마음을 노린다.

마음 없는 예배
마음 없는 헌신으로
우리의 영혼을
조용히 무너뜨린다.

그래서
싸움의 핵심은
마음을 지키는 일.
모든 지킬 만한 것 중에
마음을 지키는 것이다.

유력한 자 같으나 유약한 자로다.
하나님만 가지고 있는 것을 구하게 하소서.

놀이기구 섭외의 어려움과 일하심

놀이기구가 들어온다는 것은 생각보다 많은 것을 요구한다. 눈에 보이는 즐거움 뒤에는 늘 적지 않은 예산이 필요하고, 그만큼의 안전요원과 운영 인력이 따라붙는다. 아무것도 없는 공간을 하루 동안 '재미있고도 안전한 장소'로 바꾸는 일은 결코 쉬운 일이 아니다. 그래서 전도 축제가 열리는 날이면 교회 앞 주차장의 역할도 바뀐다. 주일 주차를 다른 공간으로 옮기고, 비교적 넓은 앞마당을 활용한다. 그러나 막상 사용해 보면 지대가 고르지 않아 또 다른 어려움이 생긴다. 놀이기구 하나를 세우는 일에도 바닥을 맞추고, 안전을 점검하고, 여러 번 확인해야 한다. 5월이라는 시기도 쉽지 않다. 이 시기에는 우리 교회뿐 아니라 많은 교회가 전도 축제를 연다. 인기 있는 놀이기구를 합리적인 가격에 확보하는 일은 늘 경쟁이다. 한 업체에서 모든 것을 맡아 주면 좋겠지만, 현실은 그렇지 않다. 여러 업체가 동시에 들어오다 보니 공간 배치, 설치 시간, 철수 일정까지 조율해야 할 일들이 끝없이 생긴다. 하루 축제를 위해 며칠 치 신경을 쓰는 셈이다. 그런데도 이 모든 수고를 감내하는 이유는 분명하다. 아이들이 교회로 첫 발걸음을 옮기게 하는 것보다 쉬운 일은 없기 때문이다. 한 번도 교회를 와 본 적 없는 아이들에게 '와 보라'고 말하는 것보다, '재미있는 게 있다'라고 초대하는 것이 더 현실적인 시작이 되기도 한다. 우리는 점점 깨닫고 있다. 놀이기구나 먹거리가 본질은 아니라는 사실을. 전도 축제의 중심은 언제나 복음이어야 한다는 것을. 그런데도 현장에서 아이들을 직접 만나는 교사들은 말한다. 처음 마음의 문을 두드리는 데에는 여전히 좋은 도구라고. 그래서 그들의 목소리도 귀하게 듣는다. 결국, 우리는 이 사이에서 계속해서 고민한다. 본질을 붙들되 도구를 무시하지 않는 길, 복음을 목적에 두되 사람의 마음에 닿는 방법을 포기하지 않는 길.

업체들과의 가격 싸움 일정 싸움은 해마다 반복된다. 계획은 늘 수정되고, 선택은 늘 어렵다. 그래도 이것저것 다 해본다. 어쩌면 시행착오의 연속일지 모르지만, 그 안에서도 분명한 한 가지는 놓치지 않으려 한다. 어떻게든, 정말 어떻게든 교회 마당을 밝게 하는 것. 그리고 그다음 걸음에서 놀이가 아니라 복음으로 이끄는 것. 전도 축제는 오늘도 그 두 지점 사이에서 계속 자라고 있다.

도적이 오는 것은

나를 찾아오는 모든 발걸음이
선한 이유를 품고 오지는 않습니다.

다가오는 손길 중에는
내가 가진
귀한 것을 노리는
의도도 섞여 있습니다.

신앙의 이름으로
평안과 화목을
흔들려 오는 세력도 있습니다.

그러므로
개인도 가정도 교회도
깨어 있어야 합니다.

겉모습은
얼마든지 숨길 수 있어도
열매까지
속일 수는 없습니다.

도적이 오는 것은

오늘도
분별의 영을 구합니다.

가정과 교회와 공동체에
혼란이 스며들지 않도록
은혜로 지켜 주시옵소서.

✓ **한 줄도 소중하다**

___

가을이라고 모든 게 예쁜 것은 아니지만
어느 그것 하나 미운 것도 없다.
모난 내 마음도 가을로 둥글어진다.

택시데이와 교회 전도팀

교회의 주차장은 평소에도 넉넉한 편이 아니다. 그런데 전도 축제 당일이 되면 그 부족함은 더욱 또렷해진다. 처음 교회를 찾는 새 신자들과 방문자들이 한꺼번에 몰리기 때문이다. 그래서 전도 축제를 준비하며 가장 현실적으로 고민하게 되는 것 중 하나가 교통편과 주차 문제다. 결국, 한 가지 선택을 하게 된다. 그날만큼은 장년 성도들이 주차장을 새 신자와 방문자에게 최대한 양보하는 것이다. 자가용 대신 대중교통 이용을 권하고, 충분한 설명과 양해를 곁들여 미리 안내한다. 강요가 아니라 부탁으로, 불편을 나누는 선택으로 말이다. 놀라운 것은 그 반응이다. 많은 성도가 기꺼이 동참한다. 버스를 타고, 택시를 불러 교회로 향한다. 누군가는 "이 정도 불편은 괜찮다"라고 웃으며 말한다. 그 한마디에 전도 축제의 분위기가 담겨 있다. 택시를 타고 오는 발걸음도 그냥 지나치지 않는다. 지역경제에 작은 힘이 되기를 바라며 교회에 도착한 택시 기사님들께는 커피와 물 그리고 작은 간식을 건넨다. 짧은 인사와 함께 전도 축제를 소개하고 감사의 마음을 전한다. 그 순간조차 전도의 자리가 된다. 이 모든 과정에는 교회의 장년 전도팀이 함께한다. 보이지 않는 곳에서 안내하고 설명하고 기다리고 정리한다. 예전보다 분명히 달라진 모습이다. 경험이 쌓이고, 마음이 모이면서 전도 축제는 조금씩 더 성숙해지고 있다. 하나님께서 기뻐하실 정도의 모습에 한 걸음씩 가까워지고 있다는 느낌이 들어 참 좋다. 문득 이런 생각도 든다. 전도 축제가 아니어도, 일 년에 한 번쯤은 모든 성도가 자가용 대신 대중교통을 이용하는 날을 정해 보는 것도 좋겠다는 생각이다. 불편을 감수하는 하루가 누군가에게는 환대가 되고 그것이 곧 복음의 통로가 될 수 있기 때문이다. 전도 축제는 이렇게 크고 작은 선택들로 완성된다. 무대를 꾸미는 손길뿐 아니라, 주차장을 비워 주는 마음마저 모여 하나의 축제가 된다. 그리고 그 모든 수고 위에, 하나님께서는 오늘도 조용히 사람들의 발걸음을 교회 마당으로 이끄신다.

하나님 자체가 우리의 소망

우리는 문제를 만나면
먼저 걱정부터 배웁니다.

사람을 찾고 방법을 찾고 길을 찾지만
하나님께 묻는 일은
늘 뒤로 미룹니다.

무릎 꿇기보다 내 판단을 앞세우고
기도라 부르지만 뜻은 여전히
내 쪽에 있습니다.

그러나 신앙은
하나님께 묻는 데서
시작됩니다.

내 뜻이 아니라
하나님의 뜻을
중심에 두는 기도
그 자리에
믿음이 자랍니다.

하나님 자체가 우리의 소망

그리고 알게 됩니다.
하나님 자체가
우리의 만족이요
기쁨임을.

✓ 한 줄도 소중하다

찬 바람 찬 서리 몇 번 더 맞아야
단풍이 울긋불긋해지려나?
고난도 인내도 수고로움 더 있어야!
신앙이 윤택해지려나?

영유아부 위해 공간을 만들다

그렇게 넓지 않은 교회 주차장 공간에서 영유아부 아이들부터 청년들까지 한자리에 모여 동시에 무엇인가를 즐긴다는 것은 현실적으로 쉽지 않은 일이다. 소음도, 동선도, 안전도 모두를 고려해야 한다. 그래서 전도 축제를 준비하며 한 가지 제안이 나왔다. 영유아부를 위한 별도의 공간, 키즈존을 만들어 보자는 생각이었다. 영유아부실 앞의 작은 공간을 최대한 활용해 보았다. 크지는 않았지만, 아이들의 눈높이에 맞추고 안전을 먼저 고려한 공간이었다. 결과는 기대 이상이었다. 아이들은 편안했고, 부모들은 안심했다. 그 작은 공간이 전도 축제 전체의 분위기를 바꾸어 놓았다. 교회가 30·40세대를 중심으로 조금씩 부흥해 가는 흐름 속에서 영유아부 아이들을 위한 맞춤형 놀이동산과 맞춤형 먹거리는 자연스럽게 부모들의 마음을 붙들었다. 아이의 친구를 따라온 부모들에게 그 공간은 '배려받고 있다'라는 느낌을 주었다. 그 만족감은 생각보다 오래 남았다. 흥미로운 사실이 있다. 전도 축제 당일 방문자 수만 놓고 보면 영유아부는 다른 부서에 비해 많지 않다. 그러나 연말까지 정착하는 비율을 보면 이야기가 달라진다. 가장 높은 정착률을 보이는 부서는 영유아부다. 아이 한 명이 교회를 좋아하게 되면, 부모는 결국 그 아이의 손을 잡고 다시 교회로 오게 된다. 전도는 결국 삶의 자리로 들어가는 일이다. 영유아부 전도는 아이를 위한 것처럼 보이지만, 사실은 가정을 향한 전도다. 오늘의 시대에서 가족의 주도권이 어디에 있는지를 생각해 보면 답은 분명하다. 아이들이 왕인 시대다. 아이의 선택이 부모의 일정과 생활을 결정하고 때로는 종교와 신앙까지도 좌우한다. 그래서 전도에도 맞춤형 전략이 필요한 시대가 되었다. 모두에게 같은 방식이 아니라, 각자의 삶의 자리와 필요에 맞는 접근이 요구된다. 영유아부 전도는 그 사실을 가장 분명하게 보여 준다. 작은 공간 하나를 배려한 선택이, 한 가정을 교회로 이끄는 통로가 되기도 한다. 전도 축제는 이렇게 계속 배워 간다. 더 크게 하기보다 더 깊이 생각하는 방향으로 사람을 많이 모으는 축제에서, 가정을 품는 전도로 한 걸음씩 나아가고 있다.

끝까지 하나님 뜻을

우리는 끊임없이
하나님께 물어야 합니다.

무엇을 원하시는지
무엇을 요구하시는지
그 음성을 들은 뒤에
비로소 발을 내딛습니다.

전쟁은 우리의 손에 있지 않고
하나님께 속해 있습니다.

그러나 인간의 본성은
하나님을 쉽게 신뢰하지 못합니다.

본능을 따르는 길 끝에서
복은 흩어지고
마침은 비참해집니다.

그래서 복의 길은 분명합니다.

하나님의 뜻을
온전히 신뢰하고
기쁨으로 순종하는 것.

내 뜻과 내 의지를 내려놓고
하나님의 뜻대로
살기를 원합니다.

✔ **한 줄도 소중하다**

높고 푸른 하늘만 가을의 얼굴이 아니듯
무겁고 고단한 마음도 우리의 것이다.
내일은 하늘도 마음도 높고 맑음 예상.

체험 부스의 다양화와 교회에 머물기
: 봉사자의 문턱을 낮추기

놀이동산 안에서 아이들의 발걸음을 잠시라도 멈추게 하는 것은 결국 체험 부스다. 놀이기구가 시선을 끈다면 체험 부스는 마음을 붙든다. 유명 관광지나 지역 행사에서 흔히 볼 수 있는 것들이지만 교회 마당에서 경험하는 체험은 또 다른 의미로 다가온다. '교회에서 이런 것도 할 수 있구나'라는 생각이 아이들의 얼굴에 먼저 떠오른다. 체험 부스를 준비하며 깨닫게 된 사실이 있다. 체험 부스를 통해 할 수 있는 일들은 생각보다 훨씬 많다는 것이다. 선택의 문제일 뿐 아이들의 손과 마음을 동시에 움직일 수 있는 도구들은 무궁무진하다. 날씨를 고려하고, 아이들의 나이에 맞는 난이도를 조절하며, 단가와 예산까지 따져야 할 것이 많지만 실제로 물품을 사 미리 체험해 보는 과정마저도 축제 일부가 된다. 준비하는 시간조차 즐겁다. 무엇보다 체험 부스는 교회의 봉사자들이 봉사의 첫걸음을 내딛기에 가장 좋은 자리다. 부담스럽지 않고, 단발성이며 전문성이 없어도 시작할 수 있다. 집에서 아이들과 함께 해 보던 간단한 체험을 교회에서 나누는 것만으로도 충분하다. '봉사'라는 말이 주는 무게보다, '함께 해 보는 즐거움'이 먼저 다가온다. 그렇게 체험 부스 봉사로 시작한 성도들이 점점 늘어난다. 한 번의 봉사가 두 번이 되고, 체험 부스에서의 경험이 주일학교 봉사로 이어지며 또 다른 부서의 섬김으로 확장된다. 전도 축제가 끝난 뒤에도 남는 것이 있다면, 그것은 이렇게 새롭게 열리는 봉사의 길이다. 아이

들에게 우리는 늘 말한다. "한 번만 교회 마당을 밟아 줘." 그런데 돌아
보면 그 말은 아이들만을 향한 초대가 아니었다. 체험 부스의 작은 테
이블 앞에 선 장년 성도들 역시 그날 처음으로 교회 봉사의 마당을 밟
는다. 그 한 걸음이 교회의 담장을 넘는 시작이 된다. 전도 축제는 사
람을 교회로 데려오는 자리이기도 하지만 성도를 교회의 사명으로 이
끄는 자리이기도 하다. 아이들의 웃음 속에서, 봉사의 기쁨을 처음 맛
보는 어른들의 얼굴 속에서, 우리는 다시 한번 확신하게 된다. 교회의
마당은 언제나 열려 있고 그 마당을 밟는 순간부터 이야기는 시작된다
는 것을.

궁핍함의 부유함

삶이 궁핍해질 때가 있습니다.
손에 쥔 그것이 모두 사라진 것처럼
느껴질 때가 있습니다.

그러나 우리에게는
여전히 남아 있는 것이 있습니다.

힘이 남아 있고 시간이 남아 있고
건강과 기술과 지혜가 남아 있을 수 있습니다.
적은 물질도 남아 있을 수 있습니다.

그 남아 있는 것을 믿음으로
하나님께 드릴 때 하나님은 기뻐 받으십니다.

그리고
그 작은 것들을 통해 역사하십니다.

남겨진 것이
기적의 재료가 됩니다.

가난하고 힘들고
어려운 삶 속에서도

하나님은 늘 무언가를
남겨 두십니다.

그것을 믿음으로 내어 드리는 자를
보시고 하나님은 일하십니다.

✓ **한 줄도 소중하다**

허덕이는 시간에도
웃음과 울음 가운데
주님과 동행이 아닌
주님이 나를 데리고 다니십니다.

홍보 영상 만들기: 새신자가 새신자를 전도하다

새신자가 정착하여 새신자를 전도하는 그 고백은 화려한 편집이나 자극적인 연출보다 훨씬 강력하다. 누군가를 교회로 데려온 우리의 수고보다, 그를 교회에 머물게 하신 하나님의 손길이 드러나기 때문이다. 어색함과 낯섦을 지나 말씀이 마음에 닿고, 이름을 불러 주는 공동체 안에서 조금씩 뿌리를 내리는 과정은 인간의 기획으로는 설명되지 않는다. 그 모든 순간마다 보이지 않게 역사하시는 하나님의 견인이 있었음을 우리는 알고 있다. 그래서 전도 축제 홍보 영상은 '행사 소개'가 아니라 '하나님의 이야기'가 된다. 어떤 프로그램이 좋았는지, 무엇이 재미있었는지를 말하기보다 "왜 여기까지 오게 되었는지", "왜 떠나지 않고 남게 되었는지"를 말하게 한다. 그 고백 속에서 다음 초대가 태어나고, 또 다른 한 영혼의 발걸음이 열리기 때문이다. 결국, 전도 축제는 하루의 이벤트가 아니라 흐름이 된다. 복음이 선포되고, 생명이 태어나고, 그 생명이 또 다른 생명을 향해 손을 내미는 선순환. 우리는 그 길을 정성껏 준비하고 충성스럽게 섬길 뿐이다. 시작도, 과정도, 열매도 하나님께 있음을 알기에 전도 축제는 해를 거듭할수록 더 단순해지고 더 분명해진다. 복음이 중심이 되고, 하나님의 일이 드러나는 자리.

내가 생각하는 당신은

내가 생각하는 당신의 모습으로 보이지 않을 때가 많습니다.
당신은 내가 당신이 아니라 당신은 당신이기 때문입니다.

당신을 내 마음대로 생각하는 것은 무지입니다.
나의 경험과 지식으로 당신을 재단하는 것은 교만입니다.

당신은 내 생각과 경험에 갇혀 있는 분이 아닙니다.

눈에 보이지는 않지만
당신의 존재와 계획을 신뢰합니다.

✔ 한 줄도 소중하다

가을을 닮은 하늘.
평안을 담은 호수.
햇살에 닳은 잎새.
달고도 달은 바람.
이전과 다른 마음.

전도 축제 엄마의 세례

그 한 사람의 여정은 우연이 아니라 은혜의 연결이다. 한 아이의 발걸음으로 시작된 전도는 가정으로 번지고 한 어머니의 결단은 세례로 이어지며 섬김의 자리에서 이제는 또 다른 영혼, 남편의 구원을 위해 기도하는 삶으로 깊어진다. 이보다 더 아름다운 전도 축제의 열매가 있을까? 수백 명이 교회 마당을 밟아도 복음의 기쁨을 실제로 맛보는 이는 어쩌면 단 한 사람일지 모른다. 그러나 그 한 사람을 위해 들이는 모든 수고와 눈물은 절대 헛되지 않다. 전도는 어렵고 느리며, 때로는 결과가 보이지 않는 길이지만 하나님께서는 그 과정을 통해 우리의 믿음을 다듬으신다. 하나님께는 능히 한순간에 이루실 수 있는 일이지만 굳이 사람을 통해 기다림을 통해, 기도와 만남과 심방을 통해 일하신다. 그 기다림 속에서 우리는 포기하지 않는 사랑을 배우고 묵묵한 헌신 속에서 하나님의 마음을 닮아 간다. 정착이라는 선물, 세례라는 열매는 행사의 성공이 아니라 순종의 흔적이다. 그 열매를 통해 하나님은 기뻐하시고 우리는 다시 다음 한 영혼을 향해 걸어갈 힘을 얻는다. 그래서 전도 축제는 매년 반복되는 일정이 아니라 하나님과 함께 걷는, 생명이 이어지는 거룩한 여정이다.

사랑은 하나님께

사랑은 하나님께 속한 것입니다.

사랑하는 자는 하나님을 알고
사랑하지 않는 자는
하나님을 알지 못합니다.

하나님은 사랑이십니다.
그 사랑은 말이 아니라
보내심으로 드러났습니다.

독생자를
세상에 내어 주사
우리의 죄를 대신한
화목제물이 되게 하셨습니다.

구원의 본질은 사랑입니다.

사랑과 진리의 기준은
오직 하나님
그 사랑 안에는
두려움이 없습니다.

우리가 서로 사랑할 때
하나님은 우리 안에 거하시고
그 사랑은 우리 안에서
완전해집니다.

✔ 한 줄도 소중하다

빈 가지와 빈 들에 순이 돋고
새싹이 얼굴을 내밀면 봄이 되고
순이나 풀이 잎이 되고
꽃이 되면 여름이 된다.
잎이나 꽃이 진하게 물들면 가을이 되고
다시 빈 가지 빈 들이 되면 겨울이 된다.
빈 가지에서 빈 가지로
무엇으로 채워진 이 계절에
감사할 이유이다.

환경을 생각해 본다

전도 축제는 단 하루의 축제이지만 천여 명이 작은 공간에서 먹고 즐기는 과정에서 무시할 수 없는 것이 쓰레기, 즉 환경의 문제이다. 그래서 이 문제 또한 진지하게 고민해 본다. 생각보다 우리가 일회용품에 많이 길들어 있으면 그 일회용품은 고스란히 환경을 오염시키는 원인이 된다. 그래서 다회용기 사용과 일회용품 줄이기 그리고 철저한 분리수거 등 나름의 노력을 기울여 보지만 절대 쉽지 않은 과정이다. 그런데도 우리는 세상 사람들에게 본을 보여야 한다. 전도 축제가 일회성 행사가 아니듯이 우리가 먹고 즐기는 것들도 일회용이 되어서는 안 된다 생각한다. 그것이 우리가 세상 사람들과 다르게 축제를 하는 방법이고 최선이라는 생각을 해 본다. 미리미리 준비하여 쓰레기를 줄이고 철저하게 분리수거하는 것 또한 전도 축제의 중요한 임무이다. 작은 실천이지만 그 하루의 태도는 오래 남는다. 전도 축제는 복음을 전하는 자리이면서 동시에 교회의 가치관을 드러내는 현장이기 때문이다. 천여 명이 머물다 간 자리의 흔적이 쓰레기로 가득 남는다면 우리가 전하고자 했던 복음의 향기는 쉽게 희미해질 수 있다. 다회용기를 선택하고 일회용품을 줄이며, 번거롭더라도 분리수거를 철저히 하는 일은 단순한 환경 캠페인이 아니라 신앙의 표현이다. 하나님께서 맡기신 세상을 함부로 소비하지 않겠다는 고백이며 다음 세대를 향한 책임 있는 사랑의 방식이다. 물론 쉽지 않다. 편리함을 내려놓아야 하고, 더 많은 준비와 수고가 필요하다. 그러나 그 수고를 감당하는 모습 자체가 세상과 다른 교회의 얼굴이 된다. 아이들은 그 모습을 보고 배우고, 처음 교회를 찾은 이들은

'이 교회는 삶으로 말하는 공동체구나' 하고 마음에 새긴다. 전도 축제가 단 하루의 행사가 아니라 이어지는 이야기이듯 그날 우리가 사용한 것들, 남긴 것들 또한 다음을 향해 이어져야 한다. 미리 준비하고, 함께 나누고, 끝까지 책임지는 자세. 쓰레기를 줄이는 일, 분리수거를 마무리하는 그 순간까지도 전도는 계속되고 있다. 결국 전도 축제는 얼마나 많이 모였는가보다 어떤 마음으로 먹고 즐기고, 정리했는가를 묻는다. 그 질문에 성실히 답하는 것이 우리가 세상 속에서 가장 다르게 가장 아름답게 축제를 하는 방법일 것이다. 작은 실천이지만 그 하루의 태도는 오래 남는다. 전도 축제는 복음을 전하는 자리이면서 동시에 교회의 가치관을 드러내는 현장이기 때문이다. 천여 명이 머물다 간 자리의 흔적이 쓰레기로 가득 남는다면 우리가 전하고자 했던 복음의 향기는 쉽게 희미해질 수 있다. 다회용기를 선택하고, 일회용품을 줄이며, 번거롭더라도 분리수거를 철저히 하는 일은 단순한 환경 캠페인이 아니라 신앙의 표현이다. 하나님께서 맡기신 세상을 함부로 소비하지 않겠다는 고백이며 다음 세대를 향한 책임 있는 사랑의 방식이다. 물론 쉽지 않다. 편리함을 내려놓아야 하고, 더 많은 준비와 수고가 필요하다. 그러나 그 수고를 감당하는 모습 자체가 세상과 다른 교회의 얼굴이 된다.

거룩한 긴장감

하나님은
외모를 보지 않으시고
직분도 보지 않으십니다.
겉이 아니라 중심을 보십니다.

진실함과 정직함 앞에서
하나님은 공의로 심판하십니다.

하나님은 아버지이시지만
가벼운 분이 아니십니다.

우리가 가져야 할 두려움은
잠시 떨다 사라지는 공포가 아니라
사랑하기에 실망하게 하고 싶지 않은
마음의 경외입니다.

그 경외함으로
오늘을 살아갑니다.

구원의 은혜를 입은 자로
옛 습관으로 돌아가지 않고

영적 긴장감을 품고
깨어 살아갑니다.

은혜 안에 있되
두려움으로
하나님 앞에 서는 삶.
그 삶이 믿음입니다.

✓ 한 줄도 소중하다

우리는 늘 나의 그리움
나의 외로움에 집중한다.
하지만 나는 누군가의 그리움 대상
누군가를 외롭게 하는 존재이다.
가을이 오면 그리움, 외로움이
더 살아날 텐데….
나의 지향이 아닌 나를 향함에
집중해 보시길….

행사장 BGM 케이팝 vs CCM

놀이동산 현장은 경쾌해야 한다. 분위기를 끌어올릴 수 있는 것은 음악만 한 것은 없다. 하지만 행사장의 BGM을 두고는 늘 논쟁이 이어진다. 교회 행사이니 가요는 지양하고 CCM 중 신나는 찬양을 틀자는 의견과 그날 새로 온 친구들에게는 케이팝이 더 익숙하고 더욱 분위기를 좋게 이끌어 갈 수 있다는 의견이 부딪힌다. 그래서 결국은 반반 섞어서 재생하는 방법을 택한다. 이것이 과연 신앙의 문제인가를 고민해 본다. 한번은 가요 중의 가사가 반성경적인 것이 있었다는 피드백을 들은 후에는 더 조심하긴 한다. 전도 축제는 세상에 외치는 우리 안에 예수님을 외치는 것이다. 과연 예수님이라면 어떻게 하셨을까? 다음 전도 축제에는 어떤 음악이 흐를지 벌써 신경이 쓰인다. 놀이동산의 공기는 가볍고 밝아야 한다. 아이들의 웃음소리와 발걸음 위로 흐르는 음악은 그날의 분위기를 결정짓는 중요한 요소다. 그래서 BGM 하나에도 괜한 고민이 생긴다. 교회다움과 환대 사이에서 늘 줄다리기를 하게 된다. 가요와 CCM을 반반 섞어 틀어 놓고 행사가 시작되면 의외로 아이들은 자연스럽게 반응한다. 익숙한 멜로디에는 몸을 흔들고, 처음 듣는 찬양에도 낯설어하지 않는다. 어쩌면 그 경계는 어른들 마음속에만 존재하는 것인지도 모르겠다는 생각이 든다. 중요한 것은 음악의 장르보다 그 음악이 흘러가는 자리의 마음이다. 전도 축제는 예배의 형식을 그대로 옮겨 놓는 자리가 아니라 예수님을 처음 만나는 문턱을 낮추는 자리이기 때문이다. 예수님께서 사람들 사이로 들어가셨던 것처럼 우리도 그들이 익숙한 언어와 리듬 속으로 한 걸음 들어가야 하지 않을까. 물론 분별은 필요하다. 가사 하나, 메시지 하나에도 귀를 기울여야 한다. 그래서 더 조심하고, 더 고민하고, 더 기도하게 된다. 무엇을 틀 것인가보다 왜 틀 것인가를 묻게 된다. 다음 전도 축제에 어떤 음악이 흐를지는 아직 정해지지 않았다. 하지만 분명한 것은 그 음악 위로 아이들의 웃음이 얹히고 그 웃음 사이로 교회의 환대가 전해지고 그 모든 순간 속에 예수님의 마음이 자연스럽게 스며들기를 바란다는 것이다. 어쩌면 그날 흘러나오는 가장 좋은 음악은 스피커에서 나오는 선율이 아니라 사람과 사람이 어색함 없이 어울리는 소리 교회 마당에 가득 찬 기쁨의 소리일지도 모른다.

중심이 주님을 향하여

우리는 삶이 급해질 때야 하나님을 찾습니다.
어려울 때 기도하고 문제가 생길 때 집중합니다.

평안할 때는 하나님을 뒤로 미루지만
평안할 때에 더 깊이 하나님께 나아가길 원합니다.

하나님은 겉을 보지 않으시고
중심을 보십니다.
말보다 깊은 본심을 보십니다.

그러므로
늘 겸손한 마음으로 고백합니다.

하나님이
나의 주인이심을
내 마음의 중심이
오직 하나님을 향하기를.

누군가의 일상이 모여 하나의 아름다움이
될 때 우리는 감동을 합니다.
자연 일부가 모여 하나의 조화로움이
될 때 우리는 감탄을 합니다.
다시 마음의 완벽함으로 나아갑니다.

깃발과 바람개비

전도 축제 당일 교회로 올라오는 길이 다소 썰렁하고 밋밋하여 깃발과 바람개비를 설치해 보았다. 확실히 축제 분위기가 살아난다. 바람이 많이 부는 도시라 그 효과는 더욱 극대화된다. 펄럭이는 깃발과 쉴 새 없이 돌아가는 바람개비를 보면서 나의 신앙도 멈춤 없이 하나님께서 불어 주시는 바람대로 휘날리며 하나님의 음성에 따라 쉴 새 없이 복음을 전하는 바람개비가 되고 싶다는 생각을 해 본다. 혹시나 잠시 하나님께서 바람을 잠재우시면 그에 따라 잠시 쉬어 가면 된다. 그렇게 신앙생활하면 된다. 하나님의 흐름과 리듬에 맞추어. 무리하지 않아도 된다. 억지로 돌려고 애쓰지 않아도 된다. 바람개비는 바람이 불 때 가장 아름답게 돈다. 전도 축제도 그렇고, 신앙도 그렇다. 우리가 바람을 만들어 내는 존재가 아니라 바람이 불어올 때 그 방향을 거스르지 않고 몸을 내어 주는 존재라는 사실을 다시 배운다. 깃발은 소리를 내지 않는다. 그저 바람의 방향을 그대로 드러낼 뿐이다. 지금 어떤 바람이 부는지, 어디로 흐르고 있는지를 가장 정직하게 보여 준다. 전도 축제를 준비하며 깨닫는다. 우리가 준비한 수많은 것들. 놀이기구, 체험 부스, 음악, 동선, 환경, 주차 그 모든 것은 바람을 부르기 위한 장치가 아니라 바람이 불어올 때 막히지 않게 열어 두는 통로일 뿐이라는 것을. 아이들이 교회로 올라오는 그 길에서 펄럭이는 깃발을 보며 웃고 바람개비 앞에서 잠시 발걸음을 멈춘다면 그것으로 충분하다. 그

멈춤의 순간이 하나님께서 일하실 틈이 되기 때문이다. 전도는 결국 속도의 문제가 아니라 방향의 문제다. 빠르게 돌고 있는가보다 어디를 향해 돌고 있는가가 더 중요하다. 그래서 오늘도 우리는 기도한다. 바람을 달라고 억지로 돌 힘이 아니라 하나님의 숨결을 알아차릴 수 있는 민감함을 달라고 그리고 바람이 불면 기쁘게 돌고 바람이 멈추면 잠시 멈춰 서서 다시 불어올 때를 기다릴 줄 아는 신앙 그렇게 전도 축제처럼 삶 전체가 하나님 나라의 축제가 되기를 조용히 소망해 본다.

은혜의 온전한 수용

은혜는 우리가 하지 않았음에도
받게 되는 선물
자격이 아니라 주어짐입니다.

고난과 역경이 삶을 덮쳐 와도
하나님은 은혜를 거두지 않으십니다.

다윗이 므비보셋에게 베푼 것처럼
우리가 넘어져 있을 때
하나님은 먼저 손을 내미십니다.

그러나 은혜가 깊어질수록
우리는 때로 세상과 단절되는 것을 두려워하고
마음의 부담과 찔림 앞에서
은혜를 외면하려 합니다.

그런데도 하나님은
말씀으로 다시 은혜를 베푸십니다.

그 말씀 앞에
낮은 마음으로 서서
감사로 나아가기를 원합니다.

사랑은 상대방의 부족함뿐만 아니라

상대방의 어떤 선택도 보듬어 주는 것입니다.

그 사랑하는 대상에게 허용되는 것은

바로 선택이라는 것입니다.

사랑하기 때문에 나의 선택을 존중하라고 강요하는 것이 아니라

사랑하기 때문에 존중받을 선택을 해야 합니다.

수도 전기 가스를 설치하다

아무것도 없는 주차장에 전기와 수도, 가스를 설치하는 일은 절대 간단하지 않다. 콘센트 하나, 수도 호스 하나를 연결하는 일처럼 보이지만 그 뒤에는 용량 계산과 안전 점검, 동선과 비상 상황까지 고려한 수많은 판단이 숨어 있다. 교회 안에 전문가들이 있어 비교적 수월하게 이루어지는 것처럼 보이지만, 그들 또한 자신의 자리에서 묵묵히 시간과 수고를 들이며 전도 축제를 위한 기반을 만들어 간다. 그 모습을 바라보며 문득 광야의 이스라엘 백성이 떠오른다.

아무것도 없는 땅에서 장막을 치고, 물을 구하고, 불을 피우며 삶의 공간을 만들어 갔던 그 여정처럼 전도 축제 역시 하루의 행사를 위해 하나의 '살아 있는 공간'을 세워 가는 과정이다. 단순한 이벤트가 아니라, 잠시 머물다 가는 사람들이 안전하게 쉬고 먹고 웃을 수 있는 작은 마을을 세우는 일에 가깝다. 첫해에는 전기의 정확한 용량을 충분히 계산하지 못해 행사 도중 전기가 내려간 적도 있었다. 순간 당황과 긴장이 교차했지만, 그 경험을 통해 중요한 사실을 배웠다. 우리가 아무리 준비해도 공급의 주체는 하나님이시라는 것, 그리고 그분은 준비의 실수마저도 배움의 은혜로 바꾸신다는 사실이다. 그 이후 전기 한 줄, 수도 한 가닥을 설치할 때마다 생각한다. 보이지 않는 이 공급이 끊기면 모든 것이 멈춘다는 것, 그리고 전도 축제의 진짜 동력은 기계도 설비도 아닌 하나님의 은혜라는 것을. 하나님께서는 축제의 결과만이 아

니라 준비의 과정 하나하나에도 깊이 관여하고 계셨다. 전도 축제는
그렇게 만들어진다. 눈에 보이는 무대 뒤에서 아무도 주목하지 않는
전선과 배관 위에서 그리고 묵묵히 헌신하는 손길들 위에서 그 모든
과정이 모여 전도 축제라는 하루의 축제가 되고, 그 하루는 다시 하나
님의 구원 이야기를 이어 가는 긴 여정의 한 장이 된다.

게으름

우리의 죄는 예수님의 완전하고
단 한 번의 희생으로
영원히 처리되었습니다.

구원은 노력의 결과가 아니라
하나님의 능력으로 이미 주어진
완전한 선물입니다.

그러나
피할 수 없는 죽음 뒤에는
하나님의 심판이 있습니다.

그래서
오늘이라는 시간은
미래의 그날을 준비하는
유일한 때입니다.

말씀 듣는 일을 기도하는 일을
내일로 미루지 않아야 합니다.

신앙의 성숙을 뒤로 미루는 것은
가장 어리석고 가장 위험한 선택입니다.

미루는 게으름의 죄를 범하지 않기를
간절히 원합니다.

✓ 한 줄도 소중하다

주님과 같이 길 가는 것.
당신과 같이 길 가는 것.
주님만 바라보기.
당신과 함께 바라보기.

음식 이름에 예쁜 이름을 붙인다

먹거리 마당의 메뉴를 아무리 새롭게 바꾸어도 아이들이 찾는 인기 메뉴는 늘 비슷하다. 익숙함은 안정감을 주고, 안정감은 다시 발걸음을 머물게 한다. 그 사실을 인정하면서도 전도 축제만의 색깔을 더하고 싶다는 마음이 모였다. 그렇게 떠오른 작은 아이디어가 음식의 이름에 계절과 어울리는 '꽃 이름'을 붙여 보자는 제안이었다. 금계국 옥수수, 얼음꽃 팥빙수, 웃음꽃 아이스크림, 아카시아꽃 김밥, 사랑초꽃 닭꼬치, 멀구슬나무꽃 콜팝, 라일락꽃 핫도그. 메뉴판에 꽃 이름이 하나씩 올라가자 가장 먼저 웃음이 터진 것은 아이들이 아니라 준비하는 봉사자들이었다. 평범한 음식이 이름 하나로 이야기가 되고, 설명되고, 정성이 되었다. 누군가는 "이 꽃은 어떤 꽃이에요?"라고 묻고, 누군가는 "이건 사랑초라서 더 맛있어요"라며 웃으며 건넨다. 그 순간 먹거리 마당은 단순한 음식의 섭취 공간이 아니었다. 꽃 이름을 달고 나온 음식들은 마치 주님의 이름으로 핀 작은 꽃들처럼 전도 축제 현장 곳곳에서 웃음과 온기를 퍼뜨렸다. 줄을 서서 기다리는 아이들, 음식을 나누어 먹는 가족들, 분주하게 움직이면서도 얼굴에 미소를 띤 봉사자들까지 그 모든 장면이 어우러져 교회 마당은 어느새 활짝 핀 정원이 되었다. 전도 축제는 이렇게 완성되어 간다. 크고 거창한 변화가 아니라 작은 이름 하나 작은 아이디어 하나를 통해 분위기가 바뀌고 마음이 열리는 순간들 속에서. 모두가 주님의 이름으로 핀 예쁜 꽃이라면

그날 교회 마당에 가득했던 웃음꽃들은 분명 주님께서 가꾸신 아름다

운 정원이었을 것이다.

차별 없는 은혜

하나님께서는 나에게도
차별 없는 은혜를 내려 주십니다.

하나님을 찾는 모든 이에게
동일하게 풍성한 은혜를 부어 주십니다.

은혜의 비는 차별 없이 내리지만
그 비를 어떻게 받아 어떤 열매를 맺느냐는
우리의 삶에 달려 있습니다.

하나님은
나의 주인이십니다.

그러므로 하나님 보시기에
합당한 열매를 맺어야 합니다.

농부이신 하나님께서
나를 보시며
"귀한 열매를 맺고 있구나"

칭찬받는 삶을 살길 원합니다.

나뭇잎과 호수의 빛깔이 닮아 있다.
누군가 날 닮아 가고 싶어 하면 좋겠다.

페이스 페인팅 수고: 문하생을 실력을 키우고 전도로 이끌다

전도 축제에서 늘 긴 줄이 생기는 곳이 있다. 아이들의 웃음소리가 가장 오래 머무는 자리, 바로 페이스 페인팅 부스다. 얼굴과 손등에 그려지는 작은 그림 하나가 아이들에게는 하루의 가장 큰 추억이 된다. 이 인기 많은 부스는 한 집사님의 조용한 헌신에서 시작된다. 집사님께서 운영하시는 미용학원의 제자들이 함께 참여해 주며, 학생들의 얼굴과 손에 예쁜 글과 그림을 정성껏 새겨 준다. 붓을 잡은 손끝에는 기술보다 마음이 먼저 담긴다. 아이들의 눈높이에 맞춰 웃으며 말을 건네고, 그림이 완성될 때마다 "어때, 예쁘지?"라는 따뜻한 말이 자연스럽게 따라온다. 흥미로운 것은 이 페이스 페인팅 부스의 연출가로 참여하는 학생들이다. 그들 중 많은 이들이 이전에는 한 번도 교회의 마당을 밟아 본 적이 없는 친구들이다. '봉사'라는 이름으로, '도움'이라는 가벼운 마음으로 교회에 발걸음을 옮긴다. 그러나 행사가 시작되기 전, 모든 봉사자는 예외 없이 예배에 먼저 참석한다. 그렇게 그들은 처음으로 복음 설교를 듣고, 처음으로 교회 공동체 안에 앉는다. 봉사하러 왔다가 예수님을 만나는 일. 전도 축제에서는 이런 일이 생각보다 자주 일어난다. 딱 하루, 딱 한 번의 참여였지만 그 만남이 계기가 되어 교회에 등록하고, 신앙생활을 시작하고, 어느새 여름 수련회까지 함께 떠나는 친구들도 있다. 얼굴에 남긴 그림은 하루면 지워지지만, 마음에 새겨진 복음은 쉽게 사라지지 않는다. 전도 축제의 유익은 이렇게 예상치 못한 방향에서 드러난다. 초대받아 온 사람뿐 아니라, 돕기 위해 온 사람도 복음을 듣게 하시는 하나님. 교회의 마당에서 봉사하다가 하나님의 자녀가 되는 그 여정은, 하나님 보시기에도 참 기쁘고 아름다운 이야기일 것이다. 어쩌면 전도는 이렇게 시작되는지도 모른다. '와서 믿으라'가 아니라, '와서 함께해 보라'는 초대 속에서. 전도 축제는 오늘도 그런 만남을 조용히 준비하고 있다.

십자가의 겸손

정욕과 교만은 하나님께서
기뻐하시는 길이 아닙니다.

우리는 하나님의 종이며
아직 작은 아이
지혜도 능력도
하나님이 함께하시지 않으면
아무것도 할 수 없습니다.

교만의 길은 결국 패망으로 향하고
우리 안에는 높아지고 싶고 인정받고 싶은
마음이 꿈틀거립니다.

그러나
나를 존귀하게 하는 길은
오직 하나님뿐.

십자가 앞에서
온전히 나를 낮추는 자와
하나님은 함께하십니다.

숲이 좋아 숲속으로.
주가 좋아 주 품으로.

인형 탈의 고충과 한번 솜사탕 아저씨는
영원한 솜사탕 아저씨

5월의 햇살은 생각보다 뜨겁다. 그 뜨거운 햇살 아래에서 인형 탈을 쓰고 서 있는 봉사자의 수고는 말로 다 할 수 없다. 통풍이 잘되지 않는 인형 탈 안에서 흐르는 땀은 멈출 줄 모르고, 시야는 좁고 숨은 차오른다. 잠깐의 휴식이 간절하지만, 아이들의 눈과 눈이 마주치는 순간 다시 몸을 일으켜 세운다. 손을 흔들고, 뛰고, 안아 달라는 아이들의 요청에 또 한 번 힘을 낸다. 솜사탕 부스도 다르지 않다. 뜨거운 기계 열기 앞에서 설탕이 녹아 실처럼 풀려 나오고, 그 앞에는 언제나 긴 줄이 늘어선다. 줄은 좀처럼 줄어들 기미가 보이지 않는다. 팔은 아프고 얼굴에는 땀이 맺히지만 아이가 솜사탕을 받아 들고 환하게 웃는 그 순간, 봉사자는 다시 다음 솜사탕을 만든다. 그런데 참 신기한 일이 있다. 인형 탈 봉사자도, 솜사탕 봉사자도 그렇게 힘들었음에도 다음 해가 되면 또다시 그 자리에 선다. 그리고 그다음 해에도, 또 다음 해에도 그 봉사는 계속된다. 누가 시켜서도 아니고, 의무도 아닌데 말이다. 그 안에 분명히 기쁨이 있었을 것이라는 확신이 든다. 마치 아기를 낳은 엄마가 해산의 고통을 잊고 다시 생명을 품는 것처럼 힘듦과 고단함은 분명 있었지만 그 과정을 통해 누군가가 기뻐하고 즐거워하는 모습이 모든 수고를 덮어 버린다. 아이들의 웃음, 친구들의 환호, 교회 마당을 가득 채운 생기 있는 표정들이 봉사의 이유가 된다. 전도 축제는 그래서 특별하다. 준비하는 사람도, 봉사하는 사람도, 찾아온 사람도 결국은 모두가 즐거워진다. 누군가는 예수님의 사랑을 처음 느끼고, 누군가는 그 사랑을 몸으로 전하며 기쁨을 배운다. 뜨거운 햇살 아래 흘린 땀방울 하나하나가 교회의 마당에 스며들어, 그날의 축제를 더욱 따뜻하게 만든다.

전도 축제는 그렇게, 힘들지만 다시 하고 싶은 축제이며 수고가 기쁨으로 바뀌는 자리이고, 모든 사람이 함께 웃게 되는 하나님의 잔치다.

열심의 노 젓기

이 세상은 하나님의 뜻대로
성경의 흐름대로 저절로 흘러가지 않습니다.

우리는 그 강물 위에 서 있습니다.
아무것도 하지 않으면
어느새 흘러 떠내려갑니다.
조용히 천천히 눈치채지 못한 사이에.

그래서 노를 젓습니다.

말씀으로 물을 가르고 엔진을 켭니다.
기도로 동력을 얻습니다.

영적인 게으름과 나태함에 잠기면
배는 가만히 흘러갑니다.

신앙에는 중립이 없습니다.
그래서 오늘도 노를 젓습니다.

기도의 힘으로
하나님께 더 가까이
나아가기 위해.

초록이 오면 여름이고 초록이 가면 가을이고
초록이 질으면 여름이고 초록이 깊으면 가을.

전도 축제 전날의 마음

전도 축제 전날의 마음은 늘 복잡하다. 두 달이 넘는 시간 동안 마음에 품고 준비해 온 전도 축제가 이제 마지막 하루를 남겨 두었다는 생각에 한편으로는 홀가분하다. 길고도 촘촘했던 준비의 시간이 끝나 간다는 안도감이 먼저 찾아온다. 그러나 그와 동시에 내일 이곳에 모일 수많은 사람, 아이들의 웃음소리와 분주한 발걸음이 떠오르며 노파심도 함께 밀려온다. 단 한 건의 사고도 없이, 모두가 안전하게 즐기다 돌아가기를 바라는 마음은 준비를 마친 밤일수록 더 간절해진다. 모든 설치가 끝나고 부스마다 준비된 물품들이 정돈되면 하나둘 사람들은 내일을 위해 집으로 돌아간다. 그때가 되어서야 비로소 혼자 남아 조용해진 전도 축제의 현장을 걸어 본다. 낮에는 아이들의 웃음으로 가득 찰 자리, 음악과 환호가 울려 퍼질 공간을 천천히 돌아다니며 마음속으로 작은 기도를 올린다. 이 자리에서 만날 한 사람 한 사람을 떠올리며, 이름 없는 기도를 드린다. 아직 아무 일도 일어나지 않았지만, 이미 많은 일이 일어난 것처럼 가슴이 벅차오른다. 준비된 의자와 아직 불이 켜지지 않은 놀이기구와 조용한 먹거리 마당은 오히려 더 많은 이야기를 품고 있는 듯하다. 이 모든 준비의 끝에서 깨닫게 되는 것은, 결국 우리가 할 수 있는 일은 여기까지라는 사실이다. 그 순간에도 조용히 동행하시는 하나님은 참 좋은 친구다. 말없이 함께 걸어 주시고, 불안한 마음을 다독여 주시며, "이제 내가 할 차례야"라고 말씀하시는 듯하다. 그래서 전도 축제 전날의 밤은 유난히 고요하지만, 그 고요 속에는 깊은 신뢰와 맡김이 담겨 있다. 전도 축제 전날은 아무 일도 없는 날이지만, 동시에 가장 많은 기도가 쌓이는 날이다. 그리고 그 기도 위에, 내일의 축제가 조심스럽게 시작될 준비를 마친다.

진짜 신앙 vs 가짜 신앙

진짜 신앙과 가짜 신앙을
가르는 가장 분명한 기준은
고난입니다.

거짓 신앙은 어려움 앞에서
원망하고 불평하며
사람을 미워하고 남을 탓합니다.

그러나
진짜 신앙은
고난 앞에서도 무너지지 않고
꿋꿋이 서서 사랑을 끝까지 지킵니다.

신앙은 입술의 고백이 아니라
고통의 시간에 드러납니다.

어려울 때
사랑하고 있는지 참고 있는지
자신을 살핍니다.

삶의 고난 한가운데서
내 신앙이 진짜인지 가짜인지

분별할 수 있는 실력을
갖기를 원합니다.

✓ **한 줄도 소중하다**

봄의 속삭임
봄은 나른함을 주면서
부지런하여지라고 이야기한다.

패스트 트랙: 약자를 생각하다

영유아부부터 청년부까지, 그리고 수많은 얼굴들이 한자리에 모여 축제를 즐긴다는 일은 생각보다 많은 제약을 동반한다. 웃음이 넘치는 공간일수록 더 조심해야 할 것들이 생긴다. 음악 소리는 커지고, 놀이기구는 빠르게 돌아가며, 코끝을 자극하는 음식 냄새는 마음마저 들뜨게 만든다. 그 모든 분위기 속에서 사랑부 지체들 또한 분명 우리와 함께 어울리고 싶었을 것이다. 그러나 '안전'이라는 이유 앞에서, 우리는 처음엔 그 마음을 충분히 담아내지 못했다. 배제하려는 의도는 없었지만, 결과적으로는 함께하지 못하게 만드는 선택을 할 수밖에 없었다. 마음 한편이 오래도록 무거웠다. 축제는 모두의 것인데, 모두가 함께하지 못한다면 과연 그 이름이 어울리는가 스스로 묻게 되었다. 그러던 중 문득 놀이동산의 풍경이 떠올랐다. 아이들과 함께 갔던 어느 날, 약자들을 위한 배려가 얼마나 세심하게 준비되어 있는지를 보게 되었다. 기다림을 줄여 주는 패스트 트랙, 이동을 돕는 동선, 먼저 제공되는 여러 배려. 그 모습 속에서 작은 힌트를 얻었다. '못 하게 하는 것'이 아니라, '먼저 하게 하는 배려'라면 가능하지 않을까. 그렇게 영유아와 장애인들을 위한 패스트 트랙 제도를 조심스럽게 시도해 보았다. 놀이기구를 먼저 타게 하고, 체험도 우선으로, 먹거리 또한 기다림 없이 제공했다. 특별 대우가 아니라 당연한 배려로, 축제의 한가운데로 초대하고 싶었다. 놀라운 것은 그다음이었다. 함께 참여한 아이들, 청년들,

그리고 수많은 봉사자가 이 제도를 너무도 자연스럽게 이해하고 받아 주었다는 사실이다. 불평 대신 미소가 있었고, 기다림 속에서도 기쁨이 흘렀다. 누군가의 배려는 또 다른 배려를 낳았고, 그날 축제의 공기는 눈에 띄게 따뜻해졌다. 예수님은 우리에게 분명히 말씀하셨다. "네 이웃을 네 몸과 같이 사랑하라." 그리고 "지극히 작은 자 하나에 한 것이 곧 내게 한 것"이라고 기억하시겠다고 하셨다. 그날의 전도 축제는 단순한 행사가 아니었다. 누군가를 먼저 생각하는 선택이었고, 교회 마당을 밟는 발걸음보다 마음이 먼저 들어오는 순간이었다. 그래서 바란다. 전도 축제가 숫자나 프로그램으로 기억되기보다, '사랑'이라는 이름으로 남기를. "한 번만 교회 마당을 밟아 줘"라는 우리의 간절한 초대가, 결국 이렇게 고백 되기를. 그날, 우리는 사랑을 조금 더 배웠다고.

거하시는 성전

존재가 사라지고 가문이 끊어져도
하나님은 죄의 질서를 깨끗이 심판하십니다.

그러나 그 심판의 길 위에서
하나님은 우리를 포기하지 않으십니다.
끝까지 찾아오셔서
죄의 문제를 해결하시려 합니다.

우리는 눈앞의 죄를 잠시 치우려 하지만
하나님은 예수 그리스도로 뿌리까지 다루십니다.

그리고 말씀하십니다.

"너를 내 성전으로 삼아
내가 거하겠다."
동거하시고 동행하시며
우리의 삶을 여호와 하나님의 삶으로
빚어 가십니다.

그 품성을 닮아
하나님이 거하시는 성전으로
살게 하십니다.

어제의 초록이 오늘의 초록과 다르듯
어제의 은혜가 오늘의 은혜가 다르다.
어디에 머물고 어느 때 열심히 할까요?

✓ 한 줄도 소중하다

전도 축제가
끝난 후

전도 축제가 끝난 후

전도 축제가 끝났다고 해서 모든 것이 끝나는 것은 아니다. 오히려 그때부터 또 다른 시작이 이어진다. 하루의 축제로 교회의 마당을 밟았던 친구들이 다시 발걸음을 옮길 수 있도록, 정착을 위한 고민과 노력이 계속된다. 일회성의 방문으로 머물지 않게 하려고 여러 프로그램을 기획하고, 작은 선물도 준비하며, 때로는 놀이동산 방문과 같은 외부 활동도 시도해 본다. 다시 교회를 찾을 수 있는 계기를 만들기 위해 애씀이다. 물론 그런 프로그램과 선물, 즐거운 추억들이 다시 교회를 향하게 하는 동기가 되기도 한다. 하지만 시간이 지나 정착한 친구들과 이야기를 나누다 보면 한 가지 공통된 대답을 듣게 된다. 그날 어떤 선물을 받았는지, 어디를 다녀왔는지는 정확히 기억하지 못해도, 교회에 처음 왔을 때 자신을 따뜻하게 맞아 주던 얼굴과 진심으로 이름을 불러주던 선생님의 미소는 또렷이 기억하고 있다는 것이다. 결국, 가장 좋은 선물은 물질이 아니라 마음이었다. 전도 축제 당일, 예수님의 마음으로 바라보아 주고 사랑으로 환대해 주었던 그 순간이 방문자의 기억 속에 오래 남는다. 그리고 그 기억이 다시 교회를 찾게 하고, 낯설었던 교회의 마당을 점점 익숙한 삶의 자리로 바꾸어 놓는다. 그래서 전도 축제는 하루로 끝나지 않는다. 전도 축제 당일의 따뜻한 시선이 그다음 주로, 그다음 달로 이어져야 한다. 연락 한 통, 안부 한 마디, 다시 만났을 때 반갑게 맞아 주는 태도 속에 복음의 향기가 담긴다. 전도 축제의 열매는 화려한 행사보다, 지속하는 관심과 변하지 않는 사랑 속에서 맺어진다. 우리는 그래서 오늘도 마음을 다잡는다. 전도 축제 때뿐 아니라 그 이후에도, 언제나 예수님의 마음으로 사람을 대하는 교회가 되기를. 그 따뜻함이 결국 한 사람의 신앙을 붙들고, 교회의 마당을 삶의 자리로 남게 할 것을 믿으며.

마음의 완전함

나의 진정한 주인이신 하나님은
언제나 나를 눈동자처럼 지켜보십니다.

그러므로 나는
두려움으로 성실하게 살아갑니다.

하나님은
겉모습만 보지 않으시고
사람 없는 자리에서의
나의 태도까지 살피십니다.

혼자 있을 때도
진실한지 성실한지
다 알고 계십니다.

그러므로
내가 하는 모든 일은
예수님을 섬기듯 드리는 헌신과
교회의 봉사도 주께 하듯 행해야 합니다.

그렇게 드려진 작은 순종들이
하나님 나라의 기업이 되고

나의 삶은 하루하루
예배가 됩니다.

✓ 한 줄도 소중하다

우리가 가장 보고 싶어 하는 봄은
땅속에 감추어져 있을 때이고
하나님이 가장 보고 싶어 하는 나는
마음속 감추려는 모습이다.

새신자 정착 프로그램

전도 축제가 끝난 뒤에도 발걸음은 멈추지 않는다. 새신자 정착을 위한 후속 조치로 우리는 때때로 에버랜드나 롯데월드를 찾고, 중고등부는 더 큰 전율을 기대하며 경주월드까지 향한다. 지방의 작은 도시에서 자라는 아이 중에는 이름만 들어 봤지 한 번도 가 보지 못한 친구들도 적지 않다. 그래서 이 시간은 단순한 나들이를 넘어, 오래 기억될 특별한 하루가 된다. 무엇보다 의미 있는 장면은 전도한 친구와 새신자가 나란히 버스에 오르는 모습이다. 서로 어색하게 시작된 관계가 놀이기구를 함께 타고, 웃고, 소리를 지르며 자연스럽게 가까워진다. 그 하루의 추억은 "교회"라는 단어에 즐거움과 설렘을 덧입힌다. 실제로 놀이동산에서의 좋은 기억을 계기로 교회에 마음을 열고 정착한 친구들도 분명히 있다. 그러나 이 모든 활동의 중심에는 분명한 목적이 있다. 새신자와 전도자의 마음속에 교회는 즐거운 곳이라는 인식을 심어 주는 것, 그리고 그 즐거움의 근원이 예수님께 있음을 조심스럽게 알려 주는 것이다. 교회가 단지 재미있는 프로그램이 있는 곳이 아니라, 예수님으로 인해 기쁜 곳임을 경험하게 하는 것. 그래서 우리는 이 시간마저도 기도로 준비한다. 놀이기구의 긴장감보다 더 깊은 기쁨이 웃음 뒤에 남는 진짜 평안함이 이들의 걸음을 결국 우리 예수님 곁으로 이끌기를 간절히 기도한다. 전도 축제는 그렇게 시작되어 이렇게 이어진다. 한 번 교회의 마당을 밟아 달라는 간절한 초대로 시작해 웃음과 땀, 수고와 헌신을 지나 한 사람의 마음이 예수님을 향해 움직이기까지 이 책의 이야기는 여기서 마무리되지만, 전도는 끝나지 않는다. 오늘도 누군가는 처음 교회 마당을 밟고, 누군가는 그 마당을 삶의 자리로 삼아 걸어간다. 그 모든 여정의 중심에 계신 예수님과 함께 우리는 또 다음 전도 축제를 준비한다.

믿음을 완성하는 도구

교회에 시간을 내고 힘을 쏟고
물질을 드릴 때
그것이 희생처럼 느껴지고
손해처럼 다가올 때가 있습니다.

그러나 기쁨은 나를 넘어
공동체를 볼 때 시작됩니다.

철저하게 교회에 유익이 되는가?
그 물음 앞에 나를 세웁니다.

그 선택은 신앙을 돕고
믿음을 더 단단하게 하며
마침내 완성으로 이끕니다.

믿음과 섬김과 헌신은 제물이고
그 위에 생명이 더해질 때
비로소 완전한 섬김이 됩니다.

나의 전부를
주님께 드리는 삶을
각오합니다.

계절과 사람의 지나가는 시간은
늘 불안하다.
그래서 머물 때까지 기다려야 한다.
봄으로 가는 겨울도
사춘기를 지나가는 아들도.

아름다운 인계

　이제는 전도 축제의 최전선에서 한 걸음 물러나, 이 사역을 다음 주자에게 인수인계하려 한다.

　지난 4년 동안 전도 축제의 가장 가까운 자리에서 보고, 듣고, 뛰고, 울고, 웃었다. 무엇보다 깨달은 가장 중요한 한 가지는 분명하다. 전도 축제는 하나님의 계획과 하나님의 일하심으로 이어졌지만, 하나님은 언제나 사람을 통해 그 일을 이루신다는 사실이다. 그래서 이제는 사람에게, 다음 사람에게 이 사역을 정성껏 건네려 한다. 전도 축제의 전 과정을 가까이에서 지켜보며, 더 나은 내일을 위해 고민해 온 젊은 세대의 집사들이 있다. 그들이 또 다른 전도 축제를 준비한다. 그 모습이 참 든든하고, 감사하다. 나는 참 많이 부족했고, 늘 연약했다. 그러나 그때마다 전임자를 의지하기보다 주님을 의지하며 여기까지 왔다. 시행착오 속에서도, 흔들리는 순간마다 하나님께서 동역자를 붙여 주셨고, 함께 버티게 하셨다. 그래서 이제 이 사역을 맡아 갈 이들에게도 같은 소망을 품는다. 누군가의 방식이나 경험에만 기대지 말고, 하나님께서 보내 주신 동역자들과 함께 오직 하나님을 의지하며 나아가기를. 분명 힘들고, 때로는 버거울 것이다. 그러나 그 길 위에는 언제나 하나님의 큰 기쁨이 함께한다는 사실을 곧 알게 될 것이다. 전도 축제는 결국 새 생명을 살리는 일이다. 이보다 더 귀한 사역이 있을까. 한 사람의 인생이 교회의 마당을 밟고, 예수님을 만나는 그 순간을 위해 수많은 수고가 쌓인다. 그리고 그 열매는 어느 날 갑자기, 그러나 분명하게 주어진다. 그 기쁨을, 하나님께서 주시는 영광을, 다음 세대가 하루라도 빨리 맛보기를 진심으로 소망한다. 한 번 맛보면 끝이다. 그 기쁨은 사역을 멈출 수 없게 하고, 다시 준비하게 하며, 또 다음을 꿈꾸게 한다. 전도 축제를 물려준다는 것은 일을 내려놓는 것이 아니라, 축복을 전하는 일이다. 하나님께서 시작하신 이 사역을, 하나님께서 기뻐하실 사람들에게 건네며, 나는 감사함으로 한 걸음 뒤에서 기도하려 한다.

그리고 믿는다. 전도 축제는 앞으로도, 하나님이 보내신 사람들을 통해 계속 이어질 것이다.

성령 충만함의 열매

성령 충만의 열매는
나 홀로의 체험을 넘어섭니다.

가슴에 남는 감동을 지나
공동체가 함께 나누는 열매로 맺힙니다.

기쁨의 찬양은
혼자 부르는 노래가 아니라
서로가 화답하는 고백이며

환경이 흔들리고 조건이 무너져도
예수님 때문에 감사할 수 있다면
그것이 성령 충만의 열매입니다.

그리고 가장 깊은 열매는
나를 낮추는 일
내가 속한 곳이 기쁨과 감사로
가득한지 피차 복종으로
서 있는지 돌아봐야 합니다.

가을의 걸음걸음도
신앙의 걸음걸음도
이끄시는 곳으로 따라가고
바라시는 곳으로 나아가다.

에필로그
– 타다 만 장작 앞에서

또 한 번의 전도 축제가 끝났다. 개인적으로는 부장으로, 그리고 전도 축제 TF팀장으로 네 번의 전도 축제를 깊숙이 통과해 왔다. 순간순간 하나님의 은혜로 여기까지 올 수 있었음을 돌아보면, 그저 감사라는 말밖에는 남지 않는다. 유초등부 부장으로, 초등부 부장으로, 그리고 중고등부 부장으로 전도 축제를 치르며 겪은 시간은 서로 달랐고, 그만큼 내 마음에 남긴 울림도 달랐다. 코로나 이후 침체한 주일학교에 전도의 불씨를 붙이는 일은 마른 새 장작에 불을 붙이는 마음과 같았다. 불을 대는 순간, 활활 타오르는 불길은 나의 마음마저 요동치게 했다. 아이들의 웃음, 늘어나는 발걸음, 살아나는 현장을 보며 '부흥'이라는 단어를 다시 꿈꾸게 되었다. 그곳은 좀처럼 불이 붙지 않는, 이미 한 차례 타다 만 장작을 대하는 느낌이었다. 불이 붙었던 흔적은 남아 있지만, 다시 불을 붙이려 하면 금세 꺼져 버린다. 그 앞에서 낙심도 했고, 좌절도 했다. '왜 이렇게 어려운가'라는 질문이 마음속에서 여러 번 맴돌았다. 하지만 전도 축제를 마치며 분명히 깨닫게 된 고백이 있다. 불씨를 다시 일으키시는 분은 결국 하나님이시라는 사실이다. 우리는 새 장작을 달라고 간구할 수 있지만, 이미 타다 만 장작을 다시 태우는 사명이라는 것을 전도 축제는 내게 가르쳐 주었다. 우리가 포기해 버린다면, 그 장작은 영원히 쓸모없이 버려질 수밖에 없다는 사실 또한 뼈아프게 다가왔다. 그래서 이 사역은 쉽지 않지만, 결코 내려놓을 수 없는 자리다. 주님, 타다 만 장작을 태울 수 있는 믿음을 우리에게 주시옵소서. 그 불을 살리기 위해 우리가 그을리고, 손에 그을음이 묻는다고 해도 그것이 족한 은혜임을 깨닫게 하소서. 전도 축제가 끝나면 여름 수련회를 준비한다. 다시 한번 불씨를 기대하며, 다시 한번 장작 앞에 선다. 주님, 타다 만 장작을 보내 주소서. 우리가 여기 있사옵나이다. 이 책의 마지막 장을 덮으며 고백한다.

전도 축제는 끝났지만, 부르심은 끝나지 않았다.

불을 붙이는 일은 여전히 어렵지만 그 불 앞에 서 있는 이 자리 자체가 은혜임을 믿으며 오늘도 다음의 나음을 준비한다.

미약한 나를

나의 작은 지혜 나의 부족한 능력으로는
어떤 것도 채울 수 없습니다.
나의 삶은 연약하고 흔들리는
하루하루입니다.

그러나 아무것도 없는
그 빈자리에서조차
당신은 나를 건져 주시고,
다시 일으켜 세워 주시며
내 삶을 회복시켜 주십니다.

그리고 말씀하십니다.
"네가 미약하기에
나는 기쁘다."
강함이 아니라 의지함을 기뻐하시고,
성취가 아니라 순종을 받으시는 주님,

오늘도 나는 그 사랑 안에서
살아갑니다.

✓ **한 줄도 소중하다**

내가 옳다는 게 증명되는 순간

나의 주변에는 아무도 없지만

내가 다정하다는 걸 보여 주는 순간

나의 주변의 많은 사람이 웃으면서

함께하고 있다.

"아무 일에든지 다툼이나 허영으로 하지 말고 오직 겸손한 마음

으로

각각 자기보다 남을 낮게 여기고"

딱 한 번만
교회 마당을 밟아 줘

ⓒ 안선우, 2026

초판 1쇄 발행 2026년 4월 3일

지은이　안선우
펴낸이　이기봉
편집　　좋은땅 편집팀
펴낸곳　도서출판 좋은땅
주소　　서울특별시 마포구 양화로12길 26 지월드빌딩 (서교동 395-7)
전화　　02)374-8616~7
팩스　　02)374-8614
이메일　gworldbook@naver.com
홈페이지　www.g-world.co.kr

ISBN　979-11-388-5668-3 (03230)